新时代高校创新创业教育理论与实践

张 强 廖成中 著

四川省教育厅第二批省级教育体制机制改革试点项目——大学生综合素质课外培养体系建设改革试点（G12—04）
四川省教育综合改革试点创新创业教育项目（第二批）
四川省社会科学高水平研究团队“四川青少年思想道德教育创新研究团队”建设计划资助
西南科技大学“习近平新时代中国特色社会主义思想研究”专项课题（项目编号：17sxb264）研究成果

科学出版社
北京

内容简介

新时代高校创新创业教育是国家实施创新驱动发展战略、促进经济高质量发展的迫切需要，是促进高校毕业生进行更高质量创业就业的重要举措。本书阐述了高校创新创业教育提出的背景及框架，理论基础及发展历程，创新教育与创新创业教育的异同与耦合，新时代高校创新创业教育的影响因素、体系构建、运行机制及实践探索等。全书坚持理论联系实际，结合创新型国家建设及高校教育改革发展状况，采用翔实的数据和案例，实践特色突出，针对性较强。

本书可为教育主管部门、高等学校、企事业单位、社会团体等研究、推进新时代高校创新创业教育提供参考。

图书在版编目（CIP）数据

新时代高校创新创业教育理论与实践/张强，廖成中著.—北京：科学出版社，2020.10

ISBN 978-7-03-066439-6

Ⅰ.①新… Ⅱ.①张… ②廖… Ⅲ.①高等学校－创业－教育研究－中国 Ⅳ.①G647.38

中国版本图书馆 CIP 数据核字（2020）第 201112 号

责任编辑：乔宇尚　张春贺 / 责任校对：彭珍珍
责任印制：张　伟 / 封面设计：蓝正设计

科学出版社出版
北京东黄城根北街 16 号
邮政编码：100717
http://www.sciencep.com
北京凌奇印刷有限责任公司 印刷
科学出版社发行　各地新华书店经销
*
2020 年 10 月第　一　版　开本：720 × 1000　1/16
2023 年 1 月第三次印刷　印张：11 1/2
字数：217 000

定价：69.00 元

（如有印装质量问题，我社负责调换）

前 言

2006年，党中央提出建设创新型国家的战略部署；2007年，党的十七大报告提出到2020年进入创新型国家行列；2012年，党的十八大报告提出实施创新驱动发展战略；2016年党中央国务院颁发的《国家创新驱动发展战略纲要》进一步明确提出，到2050年建成世界科技创新强国。2017年，党的十九大报告指出，创新是引领发展的第一动力，是建设现代化经济体系的战略支撑。加快建设创新型国家[①]。在中国特色社会主义进入新时代，人民日益增长的美好生活需要和不平衡不充分的发展之间的矛盾已成为我国社会主要矛盾的新形势下，建设创新型国家更具有不同寻常的意义。因为在知识经济时代，创新能力越来越成为一个国家竞争力和国际地位的最重要的决定因素之一。同时，随着科教兴国战略、人才强国战略、创新驱动发展战略的大力实施推进，大数据、云计算、人工智能、生物技术以及线上线下、互联互通等高新技术及信息技术越来越走进人们的生活，这既是对当代大学生创新创业能力提出的严峻挑战，同时也给大学生创新创业能力培养提供了宝贵契机。因此，加强大学生创新意识、创造能力培养，已经成为新时代高校推进教育教学改革，努力培养适应未来挑战的高素质创新型人才的发展要求。

创新驱动实质上是人才驱动，加强人才队伍建设至关重要。高校深化教育综合改革，加强创新创业教育，是国家实施创新驱动发展战略、促进经济高质量发展的迫切需要，是促进高校毕业生进行更高质量创业就业的重要举措。党的十八大以来，党和国家对创新创业人才培养作出了重要部署，对加强高校创新创业教育提出了明确要求。2015年6月，《国务院关于大力推进大众创业万众创新若干政策措施的意见》出台，对加快推进大众创业、万众创新进行了全面部署。2017年1月，国务院印发了《国家教育事业发展“十三五”规划》，进一步明确了高校创新创业教育的任务。党的十九大召开以来，创新创业教育工作得到进一步深入推进，2017年12月，《国务院办公厅关于深化产教融合的若干意见》进一步明确了创新创业教育的目标要求，加大了创新创业人才的培养力度。2019年1月，国务院印发《国家职业教育改革实施方案》，该文件明确指出，要在创新创业方面推动校企全面、深入合作。2020年3月，在《教育部关于应对新冠肺炎疫情做好2020

① 《党的十九大报告学习辅导百问》编写组. 党的十九大报告学习辅导百问. 北京：党建读物出版社，2017：25.

届全国普通高等学校毕业生就业创业工作的通知》中，教育部就高校创新创业教育工作进行了安排与部署。习近平同志指出，“青年一代有理想、有本领、有担当，国家就有前途，民族就有希望”。[①]在加快建设创新型国家大背景下，在“大众创业、万众创新”的新态势下，需要高校站在实现中华民族伟大复兴的高度，将立德树人的根本任务落实到教育教学的各个环节，特别是围绕新时代创新创业教育，更要站高谋远，要将“创新引领创业、创业带动就业”作为办学治校以及人才培养的重要内容，努力为建设创新型国家、实现“两个一百年”奋斗目标提供强大的人才与智力支撑。

高校创新创业教育研究对高校更好地开展创新创业教育起到了重要的促进作用。从 1999 年出现的第一篇关于创新创业教育的文献开始，国内学者在这一领域的研究如雨后春笋般出现，各个角度、各个方面的研究应有尽有，内容非常详尽。20 多年来我国学者在创新创业教育方面的研究成果，对于我国继续深化高等教育改革创新、推动高校创新创业教育深入实施具有理论与现实意义，特别是国内学者关于高校创新创业教育模式的研究，对于不断探索高校创新创业教育新模式具有重要的参考价值与借鉴意义。高校创新创业教育自 20 世纪 90 年代末发展至今，经过积极的探索，已经形成了多种多样的创新创业发展模式。国内部分学者对创新创业教育模式的研究成果涵盖了对已有模式的总结和对未来模式的拟建。根据对已有研究的分析，可以把高校创新创业教育研究模式大致分为两种：单一研究模式和多类研究模式。①单一研究模式是仅以某一种概念或者某一个单一的技术平台为依托而进行研究的模式。李占平等提出的“云创业平台”旨在为学生创新创业实践提供新平台。他将“云”的概念融入创新创业教育的全过程，在学生的创新创业过程中为他们提供各种帮助及服务。[②]马永斌和柏喆提出“生态网”模式，将高校创新创业教育的主要利益相关者看成一个有机的统一整体，并且这个整体可以通过计算机网络实现资源的共享[③]。除了以上两种，还有许多学者从某个角度进行单一模式研究，主要有降雪辉提出的“互联网＋”角度[④]、董世洪等从社会参与角度进行的研究[⑤]等。②多类研究模式，是指为了对研究对象进行更细致周详的研究，将它们进行分类并以多角度方式进行探索。具有代表性的分类主要包括以下几种。一是对创新创业教育对象进行分类。比如，王焰新根据创新创业教育对象的意愿将学生分为聚焦式教育对象和分散式教育对象两

① 《党的十九大报告学习辅导百问》编写组. 党的十九大报告学习辅导百问. 北京：党建读物出版社，2017：55.

② 李占平，王宪明，赵永新. 高校大学生创新创业教育新模式——云创业平台模式研究. 国家教育行政学院学报，2012（11）：12-15.

③ 马永斌，柏喆. 大学创新创业教育的实践模式研究与探索. 清华大学教育研究，2015，36（6）：99-103.

④ 降雪辉.“互联网＋”时代大学生创新创业教育新模式.重庆科技学院学报（社会科学版），2015（12）：54-56.

⑤ 董世洪，龚山平. 社会参与：构建开放性的大学创新创业教育模式. 中国高教研究，2010（2）：64-65.

类，以学生创新创业意愿的强烈程度来对他们进行分类教育。聚焦式创新创业教育主要是为那些对创新创业充满渴望的学生设计的，分散式创新创业教育则是针对那些对创新创业兴趣不大的学生设计的。前者更加注重的是能力的培养，后者则更看中思维和意识的培养，二者的侧重点不同，这样能够对不同的学生采取不同的教育方式，提高创新创业教育的效率。①学者游敏惠等根据教育对象的层次、级别等进行划分：根据教育对象层次，主要分为启蒙、培育、孵化三个层级开展创新创业教育；根据教育对象级别，主要分为大一阶段、大二与大三阶段、大四阶段与研究生阶段开展创新创业教育。②二是以高校创新创业特色为主要标准进行分类。比如，学者胡桃和沈莉根据我国高校开展创新创业教育的特色，将创新创业教育主要分为三类：第一类注重显性课堂与隐性课堂相结合，强调大学生综合能力的培养，其中以中国人民大学为代表；第二类突出创业知识和技能培养，强调大学生创新创业基本素质的形成与培养，其中以北京航空航天大学和浙江大学为代表；第三类强调加强学生创新创业基础保障，将提供尽可能多的公共服务与培养学生创新创业精神和能力纳入创新创业教育的总体框架，其中以上海交通大学和清华大学为代表。③学者任少伟等指出有些地方高校，创新创业教育特色很鲜明，但应更注重服务的区域性和面向性，其中以温州师范学院为代表。④三是根据创新创业教育要素进行多维分类，进而形成不同的创新创业教育模式。比如，学者李秋斌将基础教育、实践教育、专业教育和就业创业等四个维度有机联系起来，构建 Q-P-M-O 模式，层层推进。⑤张华则从创新创业教育的内涵、导师、资金以及平台等四个方面构建了“四维联动”模式，提出以内涵发展为引领，以导师队伍建设为基础，以资金为保障，以平台建设为支撑，促进创新创业教育有序开展。⑥刘彦军结合黄淮学院的情况进行深入分析，提出了以软实力建设为核心的“组织-文化-教育”三位一体的创新创业教育模式。⑦

通过文献梳理与研究，笔者发现在实践基础上的高校创新创业教育研究取得了一定的成果，但还存在一些不足。不足之处主要表现在以下几方面。第一，关

---

① 王焰新. 高校创新创业教育的反思与模式构建. 中国大学教学，2015（4）：4-7，24.

② 游敏惠，朱方彬，邓安平. 类型学视野下高校创新创业教育的分层分级分类模式探析. 重庆邮电大学学报（社会科学版），2014，26（5）：139-143.

③ 胡桃，沈莉. 国外创新创业教育模式对我国高校的启示. 中国大学教学，2013（2），91-94.

④ 任少伟，杨建，陈冉. 协同创新视阙下大学生创新创业教育模式探索与实践. 长春理工大学学报（社会科学版），2015，28（12）：147-151.

⑤ Q 即 quality，指素质教育层面的全员化、全程化的基础教育；P 即 practice，指实践教育层面的实践应用与反馈；M 即 major，指专业教育层面的渗透式、融入式教育；O 即 occupation，指就业教育层面的创业生涯指导。李秋斌. 大学生创新创业教育基本模式和路径选择. 闽江学院学报，2014，35（1）：118-124.

⑥ 张华. 如何构建大学生创新创业教育“四维联动”模式. 中国高校科技，2014（8）：94-96.

⑦ 刘彦军. 地方本科高校创新创业教育探索与实践——以黄淮学院为例. 职业技术教育，2015，36(12)：48-52.

于高校创新创业教育的内涵界定，学界各执己见。在有些学者看来，创新创业教育并没有一个固定的含义。在阐述创新创业教育时，有的侧重于阐述创业教育，有的则过多纠结于创新教育与创业教育之间的关系，有的却又把创新教育和创业教育不加区分，混为一谈。事实上，高校创新创业教育是由创新教育和创业教育共同组成并发展而来的，不能将两者当作互不相干的个体，否则可能会导致高校创新创业教育的片面发展。第二，创新创业教育学科化研究受到限制。笔者发现，一方面，高校创新创业教育研究在不断深入；另一方面，对高校创新创业教育未来发展归属问题进行深度研究的还不多，这与创新创业教育源起晚、基础弱等密切相关，还需要从多个角度进行深入研究。第三，对创新创业教育贡献值研究不足。创新创业教育对个体、高校以及社会的贡献值是进行效果评价的重要指标。大部分学者着力阐释高校创新创业教育对于高等教育质量提升、国家创新驱动发展和其他一些方面的重要意义，但很少有学者从高校创新创业教育对于学生个体、高校和社会的贡献方面进行评估研究，而贡献值在维持高校创新创业教育发展方面则具有基础性作用。

高校创新创业教育绝不仅仅关乎个人成长发展，它也是国家高等教育改革发展的重要组成部分。因此，关于高校创新创业教育，笔者将主要集中在以下三个方面：一是要明确高校创新创业教育的内涵。清楚阐释高校创新创业教育内涵，有利于弄清楚高校创新创业教育的边界，清楚了边界，才会在实践中确保方向正确，不跑偏。二是确立高校创新创业教育应有的地位。加强高校创新创业教育重在付诸行动，高校创新创业教育主要属于教育学范畴，同时涉及经济学、社会学、心理学等多学科交叉，需要从教育目标、教育体系及教学内容等各方面进行系统谋划，组织实施。三是围绕有效的贡献评价机制构建问题。贡献评价机制是高校创新创业教育体系的“售后”评价，是其持续良好发展的重要保障。因此，需要构建科学、客观、有效的高校创新创业教育贡献评价机制来保障其可持续发展。其中，评价对象、评价要素等内容应该是高校创新创业教育贡献评价机制需要关注的重点。

本书坚持理论与实践相结合，从经济社会发展需求出发，围绕国家政策的实施，深入分析新时代高校创新创业教育的社会与时代背景；同时，以高校人才培养的视角，结合创新创业教育相关理论，从理论分析与实践探索两个维度进行系统化、科学化的阐述。本书写作过程中始终坚持三点：一是对于理论基础与专业性概念的阐述，注意结合当前国内外学者的研究成果，注重理论分析、政策实施与典型案例的结合，将高校创新创业教育理念与实践根植于理论的基石、现实的需求与实践的沃土；二是充分运用数据、图表与典型案例，将研究建立在大量的实践基础之上，尽量做到言之有理、言之有据，特别是以四川省教育综合改革试点创新创业教育项目（第二批）阶段性成果为基础，选择创新创业教育改革实践中具有代表性的高校进行案例分析，为高校创新创业教育体系的构建及推进提供实践基础。三是运用科学的研究方法。首先，运用文献研究法，本书全面收集国内外有关创新创业教育的研究文献，不断跟踪学术研究前沿，了解最新动态，并不断发现当前高校创新创业教育存在的问题，为创新创业教育体系构建奠定了文献基础，并提供了理论指导。其次，运用系统分析法，本书对创新创业系统构成要素及其关系、系统特征、系统功能进行了科学的分析；对创新创业系统构成要素的数量特征进行分析，通过对创新创业教育系统进行定量与定性综合分析，突出了问题导向。再次，运用演化分析方法，本书对国内外高校创新创业教育发展历程进行分析，结合新时代背景下对高校创新创业教育的新要求，构建了新时代中国高校创新创业教育体系。最后，运用比较分析法，本书通过比较国内外创新创业教育理论和实践，研究分析了中国特色高校创新创业教育的发展状况。

全书共分为七章。第一章导论，主要阐述高校创新创业教育问题的提出、分析框架与内容体系。第二章高校创新创业教育基本问题，主要阐述高校创新创业教育的相关理论、发展历程和趋势、开展情况等。第三章新时代高校创新教育与创新创业教育的耦合机制，主要阐述创新教育与创业教育的异同与耦合。第四章新时代高校创新创业教育的影响因素分析，主要阐述影响创新创业教育发展的内部因素和外部因素。第五章新时代高校创新创业教育体系设计，主要阐述设计原则及思路、模型框架与模块分析，以及“三课堂”运行模式。第六章新时代高校创新创业教育的运行机制，主要阐述其运行过程的管理机制、激励机制、保障机制、评价机制。第七章四川省高校创新创业教育改革实践，主要阐述四川省部分高校创新创业教育的成功探索与实践。

通过对新时代高校创新创业教育理论与实践的研究，笔者期望能够对创新创业教育的相关理论有更深层次的认识与理解。同时，结合实际案例，本书进一步探索新时代高校开展创新创业教育的特色路径，为教育行政主管部门、高校以及全社会更好地组织开展创新创业教育提供参考与借鉴，从而为更加系统化、科学化地推进高校创新创业教育，培养新时代社会主义现代化建设所需要的高素质人才提供支持。

著 者

2020 年 6 月于西南科技大学

目 录

第一章 导论

第一节　问题的提出

我国要建设创新型国家和人力资源强国，就需要加快形成一支规模宏大、富有创新精神、敢于承担风险的创新型人才队伍，要重点在用好、吸引、培养人才上下功夫。高校作为高素质人才培养阵地，更需要站在服务国家战略发展的高度，充分认识开展创新创业教育的重要意义，进而进一步深化教育教学改革，推动创新创业教育发展，加快培养当代大学生的创新创业精神和实践能力，以适应经济社会发展需要。

一、创新创业教育是高校教育的重要组成部分

2014 年 8 月 18 日，中央财经领导小组第七次会议召开，会议指出，创新驱动实质上是人才驱动。2017 年 10 月，党的十九大报告指出，要培养造就一大批具有国际水平的战略科技人才、科技领军人才、青年科技人才和高水平创新团队。2019 年 10 月，党的十九届四中全会通过的《中共中央关于坚持和完善中国特色社会主义制度 推进国家治理体系和治理能力现代化若干重大问题的决定》指出，要完善科技人才发现、培养、激励机制。这充分说明党和国家对创新创业人才培养越来越重视。现阶段，我国高校创新创业教育仅仅处在萌芽阶段，无论创新创业教育内容的拓展，还是创新创业教育形式的多样化，都还在积极的探索中，其中也存在不少的弊病。创新创业教育在我国发展的现状要求我们必须立足于我国的基本国情，探索符合我国实际的创新创业教育道路，开创具有中国特色的创新创业教育模式。

当前，我国经济已由高速增长阶段转向高质量发展阶段，正处在转变发展方

式、优化经济结构、转换增长动力的攻关期。创新创业人才对国家的发展来说显得至关重要。在经济新常态下，2019 年 12 月，中央经济工作会召开，会议提出，要全面做好“六稳”工作，统筹推进稳增长、促改革、调结构、惠民生、防风险、保稳定，这对高校创新创业教育工作提出了更高的要求，特别是我国高校人才培养状况与现实的需求还存在着很大的差距，人才培养的短板问题也愈加凸显出来。所以，高校积极深入开展创新创业教育，大力培养学生的创新精神和创业意识，提高其实践能力，对于当前经济社会发展至关重要。

现阶段，我国创新创业教育仍处于探索发展阶段，因为国家和社会以及学校的重视，在很多方面也都进行了积极的探索和努力，所以我国高校创新创业教育取得了一定的成就。但是这些成就对于我国现阶段创新人才的需求来说，仍然是远远不够的。这主要反映在我们对高校创新创业教育还不够重视，对于到底什么是创新创业教育理解得还不够透彻，还没有全面深刻地理解创新创业教育体系中“创新”的真正含义，仅仅片面地将其理解为一种“技术的创新”而忽略了思想和意识的创新；或者认为创新创业教育的开展就是简单地上几节课、开展一些相关活动，远不如专业课程重要，把创新创业教育看成一种无足轻重的“课外活动”。更有甚者，把一些并不包含创新成分的、技术含量很低的创业行为也归为创新创业教育的发展成果。要纠正这些关于高校创新创业教育在认识上的误区，就需要我们对高校创新创业教育有更深刻的认识和了解。

美国学者 J.Rifkin 认为，当今的社会是千禧一代成长的社会，面对势不可挡的零边际成本社会，人类即将进入物联网合作共享的新经济时代。①在这个时代中，千禧一代作为推动社会发展的主力军，是可造就的一代。他们没有经历过物质匮乏的特殊时期，他们普遍关心生态环境，习惯于共享事物，习惯网上购物，更有兴趣参加慕课学习。他们不愿炫耀财富，更不迷信权威和轻信广告，更期待与志同道合者协同创新。我们应该如何培养这样一代人呢？在新时代背景下，高校应该深刻把握创新创业教育的核心内容，注重激发学生的学习兴趣和培养学生的创新精神，提高他们的实践能力和创业意识，为此高校要顺应时代潮流，转变教育理念，把握现代教育改革的新趋势，深化教育教学改革，将创新创业教育的核心内涵融入人才培养的全过程，大力推进中国创新创业教育的发展。

二、开展创新创业教育已经成为新时代高校的新使命

高校作为我国创新创业教育最主要的参与者与执行者，为建设创新型国家

① Rifkin J. The Zero Marginal Cost Society：The Internet of Things，the Collaborative Commons，and the Eclipse of Capitalism. New York：St. Martin's Griffin，2015.

和推动经济发展方式转变输送着大量的符合我国现阶段发展要求的高素质人才。1990—2000 年，随着互联网的发展与普及，在政府的重视下，创新创业教育出现在人们的视野中，并且推动着高校人才培养体系的建设与改革。教育部第一次把创新与创业联系起来，并且使用“创新创业教育”这一说法是在 2010 年颁布的《教育部关于大力推进高等学校创新创业教育和大学生自主创业工作的意见》中。该文件明确指出，“在高等学校中大力推进创新创业教育，对于促进高等教育科学发展，深化教育教学改革，提高人才培养质量具有重大的现实意义和长远的战略意义。创新创业教育要面向全体学生，融入人才培养全过程。要在专业教育基础上，以转变教育思想、更新教育观念为先导，以提升学生的社会责任感、创新精神、创业意识和创业能力为核心，以改革人才培养模式和课程体系为重点，大力推进高等学校创新创业教育工作，不断提高人才培养质量”。[①]2014 年 9 月，在天津举行的夏季达沃斯论坛上，李克强同志首次提出“大众创业、万众创新”倡议。在 2015 年第十二届全国人民代表大会第三次会议政府工作报告中“大众创业、万众创新”再次被强调，在全社会不断推进“大众创业、万众创新”，既要有中国理念，又要有中国行动，更要有中国成果。随后，国家密集下发了一系列推动“双创”的文件：2015 年 3 月，《国务院办公厅关于发展众创空间推进大众创新创业的指导意见》；2015 年 3 月，《中共中央 国务院关于深化体制机制改革加快实施创新驱动发展战略的若干意见》；2015 年 4 月，国务院印发《关于进一步做好新形势下就业创业工作的意见》；2015 年 5 月，《国务院关于大力发展电子商务加快培育经济新动力的意见》；2015 年 5 月，《国务院办公厅关于深化高等学校创新创业教育改革的实施意见》；2015 年 5 月，《国务院关于印发 2015 年推进简政放权放管结合转变政府职能工作方案的通知》；2015 年 6 月，《国务院关于大力推进大众创业万众创新若干政策措施的意见》；2015 年 8 月，《国务院办公厅关于同意建立推进大众创业万众创新部际联席会议制度的函》相继下发。2015 年 9 月，中共中央办公厅、国务院办公厅印发了《深化科技体制改革实施方案》；2015 年 9 月，《国务院关于加快构建大众创业万众创新支撑平台的指导意见》；2016 年 2 月，《国务院办公厅关于加快众创空间发展服务实体经济转型升级的指导意见》；2016 年 2 月，《国务院关于印发实施<中华人民共和国促进科技成果转化法>若干规定的通知》；2016 年 4 月，《国务院办公厅关于印发促进科技成果转移转化行动方案的通知》；2016 年 5 月，《国务院办公厅关于建设大众创业万众创新示范基地的实施意见》；2016 年 5 月，中共中央、国务院印发实施《国家创新驱动发展战略纲要》；

① 中华人民共和国教育部. 教育部关于大力推进高等学校创新创业教育和大学生自主创业工作的意见. [2020-05-26]. http://www.moe.gov.cn/srcsite/A08/s5672/201005/t20100513_120174.html.

2017 年 7 月,《国务院关于强化实施创新驱动发展战略进一步推进大众创业万众创新深入发展的意见》; 2017 年 12 月,《国务院办公厅关于深化产教融合的若干意见》。上述文件都不同程度涉及创新创业教育。2017 年 10 月 18 日，党的十九大报告中对推进创新工作进行了重要阐述; 2018 年 3 月 5 日，第十三届全国人民代表大会第一次会议《政府工作报告》多次强调了科技创新和“双创”，50 多次提及创新，鲜明地表达了我国对创新创业的高度重视，全社会“双创”活力日益增强，对经济社会发展的拉动作用不断提升。2019 年 10 月，党的十九届四中全会提出要建立以企业为主体、市场为导向、产学研深度融合的技术创新体系，要从科技创新体制机制的完善着手，打破制约、阻碍创新的制度壁垒，这必将进一步激发全社会创新创业动能，大力促进创新型国家建设。

不只是中国，其他国家和国际组织对创新也相当重视。联合国在 2017 年 4 月 27 日的大会上作出决议，确定每年 4 月 21 日为“世界创意和创新日”。决议明确指出一个国家的经济要发展，创新是一个很重要的影响因素，各国政府应该大力支持大众创业、万众创新的潮流。这种潮流不仅可以推动国家经济实现跨越式发展，而且可以为所有人提供新的创业就业机遇。从某种程度上说，我国高校的“双创”教育在国际上得到了广泛认同，并为其他国家发展创新创业教育提供了有益的借鉴。联合国这份决议的灵感正是来源于我国，中国为世界的进步和发展贡献了中国智慧，提供了中国方案，推动了人类社会的进一步发展。

在当今世界，经济发展方式已由传统的大规模生产和线性转换关系演化为后工业化、知识驱动、开放和更加交互的创新体系。知识经济的兴起，使国家的核心竞争力越来越表现为以高素质的创新创业型人才为基础，对人力资源和知识成果进行培育、配置和调控，以知识促进经济发展的态势。

作为经济社会“知识中心”的主力军，高校在知识扩散和创新变革中扮演着非常重要的角色。面对时代的更迭和社会的快速发展，高校逐渐从传统的专注于教学和研究高深学问的象牙塔中解放出来，与社会紧密地联系在一起，这就要求高校不仅要在提高人才培养质量、提升科学研究水平、增强社会服务能力等方面重点着力，更要积极地投身于“双创”教育中去。新时代高校的使命就是为社会推广和普及各种专业知识，提高我国国民的综合素质，从而推动国家经济社会发展。为响应国家提出的“提高自主创新能力，建设创新型国家”“以创业带动就业”“加快转变经济增长方式”等一系列战略部署，高校作为创新创业教育的主要载体，承担着为国家发展和进步提供重要的智力和人力支持的责任。在政府出台的各种支持政策的帮助下，高校应通过开展各种各样的“双创”活动以及校园文化建设等，鼓励学生积极主动参与创新创业教育的学习。

《国家中长期教育改革和发展规划纲要（2010—2020年）》中明确提出，要探索贯穿各级各类教育的创新人才培养途径；鼓励高等学校联合培养拔尖创新人才；支持有条件的高中与大学、科研院所合作开展创新人才培养研究和试验，建立创新人才培养基地。开展创新创业教育，其核心是为我国的发展进步提供既有创新意识也有实践能力的创新型人才，其关键是要深化教育体制改革，将人才培养、科学研究、社会服务、文化传承与创新和国际交流合作紧密地结合起来，推动新时期人才培养质量的全面提高。

高校“双创”教育的快速发展，表明了我国社会经济也在高质量快速发展，这既是对中国高校人才培养和输送提出的新要求，又为我国高等教育改革发展指明了方向：深化高等教育体制改革，探索人才培养新模式，突破“双创”教育发展的瓶颈，探索一条符合中国国情的高校创新创业教育的发展之路。

三、高校创新创业教育面临的困境

现阶段，我国高校对于学生创新创业指导的原则和方式都不同于以往的学校教育，在现有的体制模式下要想实现更大程度创新，不得不做好披荆斩棘的准备，从目前的研究成果与实践实施结果来看，高校创新创业教育存在两个方面的困境。

（一）思维方面面临的困境

思维作为一种认识活动，就其本质而言，是指人对客观现实的本质属性及内部规律自觉的、间接的和概括的反映。当我们在认识事物的思维轨迹和方向上出现偏差和失误时，也就可以认为遇到了思维障碍。从目前来看，创新创业教育的社会认知度不高，在高校的地位也有待提高。

1. 高校学生对创新就业、创业的接受程度低

什么是高校创新创业教育及就业指导？有什么作用？如何更好地加强高校创新创业教育，使大学生不断提高自己，让自己在未来的就业与生存中占据一席之地？

上述疑惑，背后折射出的是社会大众对高校创新创业教育及就业指导的片面性和利益性的看法。江玮璠等认为，高校教师实施的教学根本没有深入到创新创业、就业的核心，他们的理念依然滞留在指导学生获取更多物质财富的浅层次，仍着力于把学生往成功企业家、财富拥有者等方面进行培养，且仅专注于经验、

技能、知识的灌输，缺少对看透本质的创新意识的教导，这影响大学生真正能力与水平的提高。[①]屠火明等也认为，学校在对学生进行创新创业教育、就业指导过程中，暴露了其对整个系统体系的认识存在表面性的问题，对创新创业、就业的实质意义和核心价值的认识也还远远不够。[②]

2. 高校对创新创业教育及就业指导重视不够

王革等在讨论什么样的创新创业及就业模式才适合我国的实际时认为，如今在很多高校，创新创业教育是一门冷门的科目，其自身属性的划分也不是很清楚。[③]邓淇中和周志强也认为，创新创业教育及就业指导要在中国高校中自主独立、在学术领域中站稳脚跟，还有很长一段距离。其缘由在于创新创业、就业指导课程设置及教学组织工作在许多高校中没有被重视，使得其知识体系和理论系统欠完善。[④]

（二）实践方面面临的难题

依据现在的情形来看，专注实践是中国高校创新创业及就业教育最明显的倾向，当前高校内部有着大批形式多样、内容丰富的实践项目，如实习、实训和竞赛活动等。但是在具体实践中，人们发现虽然当前高校对创新创业教育师资队伍、课程体系和政策机制等多方面进行了探索，但在新时期的创新创业新要求下，仍然存在着许多不足。创新创业教育仍将面临着多重障碍。

1. 师资力量薄弱

师资力量的强弱对高校创新创业教育的成败有决定性意义。在当今高校中，创业专任教师和创新创业专任教师基本无差异。《中国大学生就业创业发展报告2017—2018》指出，创新创业教师学历较高、数量稀少、职称偏低，这是当前高校师资队伍建设的主要特点与存在的问题。王庚指出，师资队伍的应然和实然间存在矛盾，大体表现在：一是政策的倡议、拟建和落实、执行方面的冲突；二是在创新创业教育实施过程中，教师威信有待提高；三是师资力量的来源渠道与方式较为片面、单一；等等。[⑤]追根究底，其根源在于社会及高校本身对创

---

① 江玮璠，李文，汪丽琴，等. 我国创新创业教育发展存在的问题及对策. 科技广场，2013（11）：252-256.

② 屠火明，柯玲，刘吕高，等. 建设“整合体验式”创新创业教育长效机制. 中国高等教育，2011（Z3）：28-29.

③ 王革，曹胜利，刘乔斐. 深化高等教育改革大力推动创新创业教育的发展——全国高校创新创业教育高峰论坛综述. 中国高教研究，2009（6）：54-56.

④ 邓淇中，周志强. 大学生创新创业教育体系的问题与对策. 创新与创业教育，2014，5（1）：33-35.

⑤ 王庚. 高校创新——创业教育的当下困境与路径选择. 华南师范大学学报（社会科学版），2015（6）：140-144.

新创业及就业的关注度和重视程度不够，以及师资队伍本身在实践教育过程中实践能力有待提高。针对教师实践问题，吴玉剑认为，高校的人才选拔及管理体系及机制过于拘泥与束缚，阻碍了其对企业人才的录取、引进和本校人才的灵活发展。[①]

2. 课程体系有待深入完善

创新创业教育归根到底是对学生进行一种知识的传授，所以其课程体系的建立依然是高校创新创业教育体系建设中的重中之重，创新创业教育的主要载体仍然是课堂。首先，通过对现有资料的研究，我们不难发现，不论是站在谁的何种角度来看，创新创业教育课程都始终无法与专业课程相提并论，专业课程始终重于创新创业教育课程。其次，我们还可以发现，现阶段我国高校所开展的创新创业教育理论研究多于实践，由于对实践不够重视，实践平台的缺乏，加之理想与现实间的落差问题，理论与实践磨合度还远远不够，最终导致创新创业课程的效果大打折扣。以上这两个问题都是亟待解决的。

3. 政策措施执行困难

在推进“大众创业、万众创新”的政策驱动下，高校虽然纷纷响应号召，积极推动创新创业项目的开展，但是，创新创业教育是一项长期的工作，不论是政策制定还是最终真正落地，都需要长时间的发展。那么，地方政府以及高校能否与国家保持步调一致，以更好地落实好相关政策，另外，政策举措等对众多创业者是否具有适应性和普遍的有效性，国家、地方政府以及高校各个层次的有关机构及人员是否能准确无误地执行上级政策等，这些都是有待商讨、探索的问题。王革等指出，现在关于创新创业，其国家政策和创业环境的传播导向、体制机制都还未得到健全和完善。[②]另外王庚也提到，大学生对创新创业政策的复杂性和滞后性等问题存在很大的顾虑，观望不前。许多创业者也因政策执行当中的执行主体职责混乱出现的失误，而错失良机，才华难以施展。除此之外，高校与政府、社会及企业的协同机制有待健全，协同育人机制、风险评估机制、融资机制以及教育评估机制等一系列政策措施制度的普及度和推广度还较低，可复制和可推广的经验也有待深入挖掘，从某种意义上可以说，我国高校创新创业教育还处在“摸着石头过河”的探索阶段。

---

① 吴玉剑. 高校创新创业教育改革的困境与路径选择. 教育探索，2015（11）：63-66.

② 王革，曹胜利，刘乔斐. 深化高等教育改革大力推动创新创业教育的发展——全国高校创新创业教育高峰论坛综述. 中国高教研究，2009（6）：54-56.

四、高校创新创业教育的改革路径

对于高校的创新创业教育，人们需要打破一贯的常规性思维，高校创新创业教育不仅仅属于理念层面的问题，同时也是一项任重道远的教育工程。在面临当前凸显的主要矛盾和问题时，学者们结合高校在培养人才方面的根本目标，从理念认识、课程体系构建、师资队伍建设、体制机制保障等多个角度提出了各自的想法和意见。总体来讲，高校创新创业教育可以从内部建设和外部协同两种途径进行研究。

（一）内部建设

高校创新创业教育内涵建设和内部教学体系的设计与构建等，是高校创新创业教育必须关注的重点。由于当下存在创新创业教育定义混淆、认识不到位、学科地位非主流等诸多问题，高校尤其要注重对学生进行创新创业观念教育，让创新创业教育合理、恰当地贯穿整个人才培养过程。高校创新创业教育不但要解决就业问题，而且更重要的是要解决“培养什么人”的问题。洪大用认为，高校创新创业教育要注重价值观的培养，融价值引领、知识传授和能力培养为一体，让学生形成健康的人格，提高学生的综合素质，推动学生的全面发展。①显然，学生的全面发展才是高校创新创业教育的根本目标。王革等指出，高校创新创业教育要以职业素养为基础来进行目标建设，将综合能力置于本位，把培养学生“双创”精神和实践能力作为重点，要突破传统的学科体系，确定以能力为本的教学理念。②

（二）外部协同

高校是创新创业教育的实施主体。然而，创新创业教育要取得实效不能缺少外部系统的支持和配合。国内大部分学者在研究高校创新创业教育的路径时认为，内部建设是加强创新创业教育的基础，而在这之上，还需要加强“政府-家庭-社会”这一协同育人模式的建设，并营造优良的创新创业教育环境，帮助创新创业者健康成长。创新创业教育的实效在一定程度上是由创新创业的环境决定的。在刘贵

① 洪大用. 打造创新创业教育升级版. 中国高等教育，2016（2）：47-49.

② 王革，曹胜利，刘乔斐. 深化高等教育改革大力推动创新创业教育的发展——全国高校创新创业教育高峰论坛综述. 中国高教研究，2009（6）：54-56.

芹看来，优良的创新创业教育环境建设“要坚持开放合作、全员参与，探索建立校校、校企、校所、校地以及国际合作等多样合作育人的新机制，探索建立跨院系、跨学科、跨专业交叉培养人才的新机制，形成全社会关心支持创新创业教育和学生创新创业的良好生态环境”①。在研究创新创业教育的出路时，吴玉剑提出高校创新创业教育的全方位环境框架的建设不能缺少政府相关部门的顶层设计与政策支持，以及社会的舆论保障、企业的合作与支持、家校互动、学生家长的配合和支持等。②洪大用针对资源汇聚问题，提出要充分发挥学校的多学科优势，加强校内、校地、校企协同，多渠道地集聚优质创新创业教育资源，形成创新创业教育合力。③

第二节　分析框架与内容体系

一、分析框架

对新时代背景下高校创新创业教育理论与实践的分析研究，首先要有效把握中国特色社会主义新时代的内涵及其对高校创新创业教育提出的新要求；除此之外，还需要系统梳理与把握现有研究中对高校创新创业教育的内涵、理论基础、演化发展历程及趋势的研究。

创新创业教育是创新教育与创业教育的组合体，但不是创新教育与创业教育的简单相加，应明确创新教育与创业教育的异同，从创新创业教育执行主体、人才培养方面探讨创新创业教育的耦合机理，摸索出创新创业教育耦合效应得以实现的条件、平台与路径。

高校创新创业教育的有效开展，既要注重“内涵”，也要发展“外延”。高校自身有关创新创业教育的资源投入、体系建设、国家与地方政府政策、地方企业及接受教育学生的个人特质与教育背景均深深影响着高校创新创业教育的发展。

二、内容体系

科学、合理的创新创业教育体系是高校创新创业教育工作得以顺利开展的前提，高校创新创业教育体系的设计应该遵循实事求是的原则，加强现代教育与传统教育体系的结合、创新性与实践性的结合、一致性与差异性的结合以及主体性

---

① 刘贵芹. 转变观念完善机制更加有力推进创新创业教育改革. 中国高等教育，2015（Z2）：8.

② 吴玉剑. 高校创新创业教育改革的困境与路径选择. 教育探索，2015（11）：63-66.

③ 洪大用. 打造创新创业教育升级版. 中国高等教育，2016（2）：47-49.

和互动性的结合。本书将重点对高校创新创业教育的目标理念体系、组织环境体系、参与主体体系、课程内容体系、实践平台体系进行探讨，并创新性地提出了高校创新创业教育体系的“三课堂”运行模式。

高校创新创业教育的运行机制是一种双创教育的运行机制，指高校实施双创教育的一系列组织管理、制度建设等保障双创教育顺利实施的制度。这是一个全动态管理过程，不是静态的，有其自身的运行规律和方式。创新创业教育的长期性、综合性、复杂性和多学科性特征，要求高等学校必须建立一套规范的、执行力强的运行机制，这是实现创新创业教育体系成功运转和不断发展完善的重要保证，具体包括高校创新创业教育的管理机制、服务机制、激励机制、保障机制与评价机制。

为落实党的十八届三中全会关于深化教育领域综合改革的决策部署，2014 年 10 月，四川省启动了教育综合改革试点工作。截至 2018 年，四川省共确定了三个批次多个方面的试点项目，创新创业教育试点改革是其中的重点工作之一。在创新创业教育改革试点工作中，涌现出了如西南科技大学、成都理工大学、成都农业科技职业学院与成都职业技术学院等一批典型院校，它们在创新创业教育实践中的具体做法与成效值得推广学习。

第二章
高校创新创业教育基本问题

第一节 创新创业教育的相关理论

创新创业教育经历了一个发展的过程，从早期的创新教育及创业教育，再到创新创业教育，既有实践中的探索发展，也有理论的支撑。主体教育理论、个性化教育理论、全面教育理论都对高校开展创新创业教育提供了基础理论支撑。

一、创新教育与创业教育

作为人们创造性智力和创新型品格的有机融合，以及认知能力和实践能力的有机结合，创新能力既包括人们在观察、思维、动手、沟通、协作等多方面创新活动中表现出来的能力，也体现其综合素质。在理解创新教育的内涵时，要将其发展历程和目前业已形成的特点规约及其已有的升华和将来的演化趋势都纳入考虑范围。在国际上，创新教育不仅仅有将其概述为以培养具有创新思维、精神、意识、人格及创造能力为最终目的的狭义定义，也有将其理解为异于传统填鸭式教学及守成式教育形式，而是以增强创新本领、培育创新品格为主要目的的现代教育活动。

创业教育的概念由著名学者 J.A.Timmons①提出，并在 20 世纪 80 年代传入中国，但当时我国创业教育的研究范围主要局限于利用创业教育来解决就业问题。直到今天，仍然有许多学者将“创新创业教育”与“创业教育”混为一谈。我国

① Timmons J A. Characteristics and role demands of entrepreneurship. American Journal of Small Business，1978（1）：5-17.

学者曾水英指出，高校创新创业教育的目的是要让我们的学生拥有创新能力、创新思维以及创新意识。她认为，创新教育和创业教育共同构成了创新创业教育。但是，其主要观点仍然倾向于创新创业教育的重点是创业教育，创新创业教育可以约等于创业教育。①李人杰和商万军则将创新创业教育中的“创新”理解为基于“对创业的理解而形成的一种有意识的积极的心理准备状态”。②所以在他们的研究中，创新创业教育仍然被理解为创业教育。

1991 年，在日本东京召开的创业教育国际会议将“创业教育”定义为培育具有事业进取心、首创精神、探索及冒险精神等心理品质，并能够在创业过程中独立完成技术、社交的具有开创性个性的人的教育，这是从广义角度理解创业教育。从狭义上理解，创业教育可定义为：培育学生创业所需要的各种综合能力的教育，从而使学生由求职者转变为事业的创造者。

二、创新创业教育的内涵与特点

高校创新创业教育的开展服务于我国创新驱动发展战略的实施，是推动我国经济转型发展的重要途径，有利于在提升专业能力的基础上培养具有创新思维和创业素质的复合型人才。对于高校创新创业教育内涵的认识和理解，是分析研究高校创新创业教育的基础。基于对现有研究成果的梳理，笔者把学者们对于创新创业教育内涵的理解分为以下几种情况。

（一）将创新创业教育分为创新教育和创业教育

学者们普遍从两者的关系入手，来理解创新创业教育的含义。例如，我国学者张澍军和王占仁将“创新创业教育”分为“创新”“创业”“教育”三个部分。他们认为，要想正确地理解创新创业教育的含义就必须先理解创新教育、创业教育和创新创业教育三者之间的关系问题。③无独有偶，于建秀和张静的研究也同样解释了创新教育、创业教育以及创新创业教育三者之间的异同及其相辅相成的关系，阐释了高校创新创业教育的含义，与前几位学者不同的是，他们是站在时间发展轨迹的角度上进行的研究。他们认为，首先产生的是创新教育，而创业教育是由其衍生出的一个概念，同样的，创新创业教育也是由创新教育衍生出来的一

① 曾水英. 创新创业教育：当代中国高等教育发展的新内容——我国高校创新创业教育内涵与关系理论争论状况分析. 黑龙江教育（高教研究与评估），2009（10）：7-8.

② 李人杰，商万军. 解析高校大学生创新创业教育的内涵和意义. 科技创新导报，2010（9）：245.

③ 张澍军，王占仁. 作为理念和模式的创新创业教育. 光明日报，2013-03-14（11）.

个定义。[①]王革等学者认为，创新教育和创业教育有同有异，最明显的便是它们的目的，大体上二者的目的是相同的，都是为了培养高素质人才。但具体而言又并不完全相同。例如，创新教育强调的是创新观念的培养，创业教育强调的是实践能力的养成。[②]但也有学者认为创新教育和创业教育不应截然分开，如雷家骕的观点侧重于创新创业教育是一个不可分割的整体，因为创新教育和创业教育在很多方面都是相同的，如它们的目标取向以及功能功效等角度都是一样的。[③]

（二）将创新创业教育进行扩展延伸

有学者从素质教育甚至是创造教育的角度去理解创新创业教育。学者马小辉的观点是，我国创新创业教育的开展就是为了培养一种既具备创业能力又具有开拓能力的复合型人才，这种人才的培养超越了以往我国高校对人才培养的要求。[④]有的学者更是将高校创新创业教育摆在高校的顶层设计里面，认为高校的人才培养、科研、社会服务功能都与创新创业教育密不可分。清华大学经济管理学院原院长钱颖一将创新创业教育的目的进一步拓展，他认为我国高校开展创新创业教育的目的，并不是让学生毕业后都选择去创业，最重要的是培养有创造力的人才，这才是大学开展创新创业教育的关键所在。[⑤]

根据现有的研究可以看出，创新创业教育不仅关注培养和提升学生的创新精神、开创性思维等，也关注实践本领和创新创业综合素质的提升，尤其注重创业思维的强化及创新实践本领的延伸，使学生能够独立地去发现疑问、处理问题，并且能够展示出自己的新思想。与此同时，也可以让学生树立创业意识，掌握创业的基本本领和实际操作本领，从而可以进一步构造和创造有意义的事物，并且成为高素质的社会主义建设者。

作为以启蒙性和发展性为基本特征的教育思维和模式，创新创业教育不仅强调以创新和创业为目标，而且不应该再依靠单纯的传统教学模式，而是要借助实际操作经验的长期积累，从而使学生能够由被动接受转变为主动求知，进一步进行创新设计、创业发展，并且培养创新精神，这就要求充分发挥学生的独立自觉

① 于建秀，张静. 高校创新创业教育的科学定位与路径探析. 保定学院学报，2012，25（5）：115-118.

② 王革，曹胜利，刘乔斐. 深化高等教育改革大力推动创新创业教育的发展——全国高校创新创业教育高峰论坛综述. 中国高教研究，2009（6）：54-56.

③ 雷家骕. 国内外创新创业教育发展分析. 中国青年科技，2007（2）：26-29.

④ 马小辉. 创业型大学的创业教育目标、特性及实践路径.中国高教研究，2013（7）：96-100.

⑤ 易鑫. 在清华大学“校长杯”创新挑战赛决赛上，专家呼吁——创新创业教育重在培养有创造力人才.(2015-05-27). https://www.tsinghua.edu.cn/publish/thunews/9669/2015/20150527112116463195334/20150527112116463195334_. html.

意识。而提升创业素质则需要学生参与一系列实践活动，只有超越课本和课堂的框架束缚，才能将理论和实际联系起来，从而培养学生的创新能力。

相对于传统的教育方法，创新创业教育具有以下六个新特点。

（1）更加强调培育学生的创新创业思维，教育学生应该从“被动适应社会”的求职者转化为“主动接受社会挑战”的建设者。

（2）注重开设系列课程体系。以创业创新为主要环节，增加企业家精神培养、企业规划与经营管理、新企业建立和创新、新型活动管理、新兴企业融资、企业发展战略等课程。

（3）重视通过参赛等形式增加学生的感性经验。以让学生接触创业全过程、体验创业的乐趣和价值为目的，通过举办多种形式的创新创业设计竞赛进行创新创业教育。

（4）以厚重的学术研究为底蕴。创新创业教育要求各高校设置各种创新研究中心或创业中心等机构，注重前沿课题的学术理论研究，以理论研究推动教学实践。

（5）直接激发师生参与创新创业活动的热情。创新创业教育为全体学生和教师提供新的目标和方法，从而提高企业新建的概率，并为发展经济做出更大贡献。

（6）注重更新教育理念与模式。不同的时代和社会背景对教育理念与模式的产生具有深远的影响，每一种教育理念和模式都有其深刻浓厚的理论基础。创新创业教育需要不断更新教育理念与模式，以适应创新创业教育发展需要。

三、创新创业教育的理论基础

本书主要从主体教育理论、个性化教育理论、全面发展教育理论三个方面来对创新创业教育的理论基础进行讨论分析。

1. 主体教育理论

主体教育理论是指以发展、培育个体的主体性为目的的一种教育观念。主体教育理论要求必须把受教育者当作主体，唤起受教育者的主体意识，激发受教育者的自主性、主动性、创造性，从而使个体得到全面、自由和充分的发展，所以它是创新创业教育的理论基础的基本内容，具体内容包括以下三个方面。

（1）教育主体是指在教育活动中有意识地认识和作用于客体的人，是教育产生作用的不可缺少的部分。教育具有其自身的规律，但作为一种培养人的社会活动，又具有相对独立性。教育的个体功能和社会功能是相辅相成的，教育与社会、企业、个人的联系是全面且密切的。随着教育理念和模式的不断创新发展，它要求我们尊重教育主体发展的客观规律，也不能自我封闭，不顾社会、企业和个人的需求去实现教育自身的发展。

（2）受教主体主要指的是接受教育的学生。在外界环境和不同的教育因素影响下，只有使学生本人主观能动性充分发挥，才能促进其全面发展。所以主体教育理论以及其他现代教育观念主要着眼于转变教育观念，以学生为主体，把学习主动权交给学生，凸显学生的主体地位，发挥学生的独立思考能力和主动创造能力。

尊重和增强学生的主体地位，注重唤醒学生的主体意识，以不断促使学生主动发展。教师要探求民主、平等的课堂教学模式，为学生主体地位的体现创造良好环境的同时，要尊重学生，把学生当作平等的社会成员，增强学生的社会意识、责任意识和独立意识，从而使学生产生强烈的求知欲，并迸发出思考的活力，只有这样他们才能成为新时代的创新型人才。

（3）施教主体主要指的是学校和从事教育的工作者。在教育活动中，教师的主体性比学生更为显著，但我们并不能片面地将二者的关系理解为主体与客体或主动与被动的关系。教师和学生是教学活动得以开展的两大关键，他们都是教学活动中的主体。教师在教学过程中必须要有主体地位，但教师的主体地位是以学生的主体地位为基础的，需以巩固学生主体地位、提高自身素养的方式去发挥及巩固自身的主体地位。

主体教育理论要求充分发挥学生的主体性，以激发其内在动力，形成良好、稳定、健康的心理品质，从而主动地去获取知识，成为学习中的成功者。它强调人本身是教育的最高价值，学生在成长中具有一定的主体性，在接受教育的过程中不断地发展、提高自己。主体教育理论以学生的主体性发展为主要目标，增强和巩固学生的主体性，同时发挥受教主体和施教主体的主体性作用，以培育新时代的创新型人才。

2. 个性化教育理论

在彰显个性的时代，尊重和发展个性已经是教育改革浪潮中的主要潮流，几乎所有的国家和地区都清楚地认识到个性化教育的重要性。个性化教育已发展为不可阻挡的趋势。

与主体教育不同，个性化教育强调的是教育主体的差异化和个性化。因为个体的生长环境、家庭背景、性格、情感等方面的因素不同，每个人的智力水平与心理承受能力等也不同，所以学校教育需克服传统教育中重共性、轻个性，重知识灌输、轻智能开发的教育方式，承认学生在智力、情感和生理等方面的实际差异，发掘学生自身的兴趣，让学生主动学习、主动思考，并在此基础上进行创新。

个性化教育理论要求以学生发展为中心，教育要围绕学生自身发展的需要进行。施教者要善于发现学生的兴趣爱好和他们身上的闪光点，尊重他们的性格与个性，使其能够自由地、创造性地发展。要学会关爱学生，精心施教，根据每个学生的特性去制订一份属于他的发展计划，鼓励学生去发现、探索自己感兴趣的点，从而使其获得最大的发展，为国家和社会做出自己的贡献，并实现自己的人生价值。

个性化的发展可以使学生的创造性得到充分的发挥，教育的本质是培养人，促进学生积极发展，使每个学生都能获得全面、全新、创造性的发展。注重学生的个性化发展，主要目的在于培育出适应社会发展需要的创新型人才，为学生的未来发展奠定坚实的基础。

从人与生产的关系来看，人的综合发展需要通过某些条件、手段和途径实现，是人的智力和体力不断融合、进步的一种机制。实现人的综合发展需要充分学习与掌握教育方针，进而使全体受教育者拥有不断成长发展的理论基础与思想条件。社会对人才的需求是多样化的，所以高校要注重让受教育者在德、智、体、美、劳等方面获得全面、完整的发展。由于个体的差异性，每个人在自我发展的过程中会有差异，我们要正确认识这一点，既要考虑到受教育者个人的全面发展，又不能忽视其个性化发展。

3. 全面发展教育理论

传统教育有时会忽视培养学生的主观能动性、积极创新的精神等。以灌输式为主的传统教育模式在一定程度上限制了人的个性发展，不利于学生想象力和创造力的发挥，不利于学生独立思考能力的培养。而全面发展教育则着眼于学生个体的发展，尊重学生的特质，通过科学合理的教育方式，创造优良的环境，让学生学以致用，在掌握书本知识的同时，通过各种课外活动和社会实践，将学到的知识转化为实际工作的能力，进而获得充分而全面的发展。只有这样，学生才能更好地面对未来严峻的社会竞争，才能成为有利于社会的创新型人才，也才能为祖国未来的发展添砖加瓦。从某种意义上讲，个性化教育理论与全面发展教育理论并不矛盾，二者都是教育领域改革的重要理论，要将二者结合起来，使学生在获得个性化发展的同时，实现全面综合素质的提高。创新创业教育以培养具有开创性的人才为目标，在受教育者综合发展的情境下，努力促进其具有特色和差异化。具体而言，就是要在保证受教者个体个性化发展的前提下，考虑其是否满足现实需要；在进行知识传输的过程中，不可以用经验主义的思想观念去扼杀新兴想法；在支持其发挥自身特长的同时，不要让其形成盲目的个人主义作风；施教者应该注重教育对象的独特性，重视其创新创业意识的培养。

新时代高校创新创业教育是我国实现中华民族伟大复兴战略举措的重要组成部分，是一种全新的教育理念和模式，它带有鲜明的时代特征，也是新时代背景下高等教育改革实践的一项重要举措。

第二节　创新创业教育的发展历程与趋势

从世界范围看，创新创业教育在20世纪70年代首先从西方发达国家开始起步，在知识和技术越来越受到重视的社会背景下，培养创新型高素质人才受到西方国家的重视，创新创业教育在西方国家得到快速发展。中国的创新创业教育起步较晚，但发展速度较快，尤其是得到了政府的大力支持，中国高校创新创业教育不断向纵深发展，为建设创新型国家提供了重要的人才与智力支撑，同时，也为拓展学生就业渠道提供了新的重要途径。

一、国外创新创业教育的发展

从20世纪70年代起，美国的创新创业教育进入起步阶段。1973年，美国国家科学基金会承担了一系列发展任务，为了使创新创业课程的设置与高校大学生科技创新等实践活动紧密结合，在麻省理工学院等四所知名高校的赞助与扶持下，美国国家科学基金会设立“创新创业中心”和“技术创新研究中心”等。由于高校教育措施的贯彻实施，美国创新创业教育得到迅猛发展，众多大学开设了创新设计与创造力开发课程，并设置了具体实践计划。其中，百森商学院与斯坦福大学等先后开设了创新创业研究中心。第一届大学生创新创业计划竞赛在1983年成功举办后，麻省理工学院等多所大学也举办了类似竞赛，并将比赛逐步全球化，使得全球很多大学争相模仿。1985年以后，工程教育和研究更是得到美国国家科学基金会的重视，对美国高校开展创新创业教育起到了积极的促进作用。具体而言，国外高校创新创业教育特点大体如下。

（一）创新创业教育体系完善

继对创新教育理论进行深入研究之后，美国对创业教育理论的研究也取得了不少成果，创新创业教育已经粗具规模。对美国教育体系而言，已经形成了一个完善的教学研究体系与社会关系体系，该体系内容涵盖了大部分人一生所能及或不能及的各层次教育，涉及领域非常全面。自20世纪90年代以来，美国高校受到创业学与创新学的引领带动，高校内部的商学院和工程学院更是得到重视而实现了快速发展。到2005年初，美国多所高校开设了创新创业课程，甚至某些高校还拥有专职创新创业教育机构，在此之后，创新创业教学体系也渐趋科学化、完备化。

（二）师资队伍质量高

美国高校以雄厚的师资力量，确保其创新创业教育迅速发展。此外，许多有过创业经历的成功人士纷纷被美国众多大学的商学院聘请为教授，这些人因曾任企业外部董事，而往往具有良好的洞察能力，在应对创业领域实践发展趋势、创新创业教育社会需求变化等方面具有敏锐的嗅觉，成为行业的佼佼者。不仅如此，那些拥有丰富创业经验的金融风险投资家、市场创业家、社会实业家等也会常常参加大学生创新创业实践项目，尽管是短期讲学，但生动有趣的内容更是为大学生创新创业教育提供了鲜活的思维。

（三）优质的校内平台

美国高校创新创业教育课程是较为丰富的，而且逐步实现了全面化、正规化。高校有关创新创业设想、筹集资金、企业管理等方面的课程就有很多种，如法律、新兴企业融资、创业教育、家族企业特色管理、企业发展战略、公司营销等，这些都会给课程增添不一样的风采。鉴于美国看重社会实践与实际应用，创新创业教育不仅仅在课堂进行，还积极建设高校创新创业学生工作中心研究会等，在高校内部营造浓厚的创新创业文化氛围。同时，美国高校还通过创新创业中心与社会建立外部联络，并将多种孵化科技园、创业培训商业机构、风险投资公益机构、创业资格评审机构、创业者校友联合会等多方面、全方位地连接成一体化网络，形成高校、社区、企业三者嵌套式、互动式与融合式发展的创新创业教育生态系统，帮助高校高效地开发新型创新创业资源。

（四）重实践教学，拓“双创”能力

美国创新创业教育与各类创新设计和创业活动密切相关，这就要求在课堂教学中增加实践化应用环节。为了使实践化应用环节落到实处，美国高校积极寻求政府、非政府组织、企业等社会资源无条件地帮助其开展创新创业教育，企业也通过在大学内部建立中小企业发展中心，并通过举行讨论会等方式为创业者提供适时、准确的咨询服务，促进学生在实践中提高“双创”能力，以达到互利共赢的目的。

（五）丰富的资金来源

进行创新创业教育，资金保障是重要一环。美国创新创业教育的良好发展得益于私人与企业的资金捐赠。此外，美国政府在其中也发挥了重要作用，为帮助创新创业竞赛项目快速开展、设立创新创业课程、及时奖励创新创业中的优秀学生，美国更是专门设立了国家创新创业教学基金。

（六）优惠的政策支持及有效的社会援助

（1）政策的支持。比如在美国，创新创业活动的良性发展有赖于美国政府、社会和学校三者的有机协调。例如，为新办公司简化申请手续、提供资金援助、健全信用制度、提供广泛的社会援助，种种便利条件都为创新创业活动发展加油助力。与此同时，相对灵活的教育体制更是为创新创业教育的发展提供了有力保障，机会平等、时间充裕，以及相关部门良性互动的创新创业教育生态系统，促进了创新创业教育的健康发展。另外，欧盟将创新创业作为其发展的基础，尤其看重企业家所带来的精神力量、企业发展所需要的技术、完善的现行教育机制。欧盟十分注重将企业家精神教育与技能教育放到高校教育中来，在教育方法、创新创业实践的后期扶持方面提供了多方面的保障。欧盟还通过重新修订法律法规，给予新创办企业特殊的政策支持，为其营造良好的发展环境。

教育是发展的根基。欧盟的教育方式灵活多变。首先从作为国家发展希望的青年学生着手，针对有潜力的学生，设置专门的课程，对他们进行培训。另外，欧盟通过创新培训的方式，实现了课堂教学与自主学习的结合，并进行个性化教学创新。例如，在进行公共课教学时，有针对性地提供个性化辅导，以此来推进创新创业教育的多层次发展。

（2）注重创新创业实践的后期扶持。以法国为例，专门成立培训中心，对不同的创新创业人群给予不同的支持与帮助。为了给自主创业的学生提供较长时间的扶持，聘请相关专家对其进行专业辅导，如对发放贷款、选择场地、装饰场地及法律等方面进行业务指导。配备专门团队为创业有成的企业进行未来发展规划，提供可行性建议，以推动创新创业的发展。同时，创业中心充分融合创业信息，从而对创新创业工作进行不断的完善。

创新是国家发展的一个重要因素，世界各国都在以教育为基础，改革教育体制，整合学术研究体系，开展形式多样的活动，注重创新创业兴趣的培养，以使广大学子保持较高的创业激情。有的国家还创立专门的机构来实施此类计划，如日本、韩国等国的高校均设有创业研究中心。有的国家还加强了与国际的接轨和合作，促进与其他国家的交流与联系，如引进国外教材、聘请国外资深的专家教授进行指导并开展相关培训，与其他国家联合举办各种创新设计大赛等，通过竞赛，让世界各国的优秀学子相互学习、共同发展。

二、中国高校创新创业教育的发展

我国部分高校自 20 世纪 80 年代以来，就积极探索有关创新创业的教育。比如，大连理工大学于 20 世纪 80 年代中期开展了“三小一环”（小专题、小调查、小发明，并纳入课堂教学环节）的教学实践活动，到 1990 年前后，先后成立了有关大学生创造发明和学生创业的教育中心等组织机构，在一定程度上促进了我国创新创业教育的发展。以竞赛形式进行创业教育探索的清华大学，率先开设“创业管理”课程，清华大学经济管理学院在工商管理硕士（MBA）培养方案中最早设立了创新与创业方向。其他高校或尝试开设相关课程，或为学生创业提供资金支持，总之，我国高校通过各种方式进行了创业教育探索。

1998 年 5 月成功举办的第一届“清华创业计划”大赛首次将创业计划大赛引入国内大学校园。1999 年，全国首个以“创新创业”为主题的教学改革班级在浙江大学成立，同年，由共青团中央、中国科协、全国学联主办，清华大学承办的首届“挑战杯”中国大学生创业计划竞赛成功举办，自此高校创业课程教育与创业人才培养模式成为高校一种流行的教育方式。为了进一步落实和发展创业教育，教育部于 2003 年 10 月成功举办了高校创业教育骨干教师研修班，这意味着创业教育教学模式的基本确立。我国的创业教育试点工作在 2004 年 4 月启动，通过支持国内 9 所知名高校进行创业教育试点工作，试图寻找出一种适合我国国情的创业教育发展方式。创业教育试点工作的开展标志着我国高校创新创业教育进入以教育主管部门为主导的多元探索阶段。各高校对创业教育多元模式的探索，奠定了创业教育理念深化和推广普及的基础。

我国在创业教育方面进行了大胆尝试，也开始重视和推进 KAB（know about business，了解企业）创业教育项目。KAB 项目在 2005 年 8 月纳入我国大学生创业教育项目，该项目是由共青团中央、中华全国青年联合会和国际劳工组织合作推进中国创业教育发展的一次尝试，在不断吸收他国经验的基础上，寻找一条具有中国特色的创业教育之路，以便能够更好地适应大学生对创业和就业的现实需求。

许多全国重点高校非常重视 KAB 项目的推进。例如，清华大学、中国青年政治学院和浙江大学专门开设了“大学生 KAB 创业基础”等相关课程，并出版了不同版本的《大学生 KAB 创业基础》，完整地构建了师资培训、教学研究、质量把控、课外实践与交流沟通推广五大体系。随着系列师资训练项目的逐期开展，各高校逐年增加了创业教育师资力量储备，逐步改善了创业教育师资力量缺乏的情况。各高校越来越重视对人才的培养，并在课程设置中把创业课程放在举足轻重的地位。

2007 年初，《教育部财政部关于实施高等学校本科教学质量与教学改革工程的意见》出台，决定实施“高等学校本科教学质量与教学改革工程”（简称“质量工程”），择优选择约500个人才培养模式创新实验区，推进人才培养模式的综合改革。

在进行实践的过程中，各个高校利用自身特色优势进行创新创业教育道路的探索，最终形成了三种基本模式。①以课堂教学为核心的创新创业教育发展模式。例如，中国人民大学非常重视学生创业意识的培养，通过构建合理的创业知识结构体系提升学生培养质量，此外还开设了“企业家精神”“风险投资”等一系列创新创业课程，实现了“第一课堂”和“第二课堂”的完美结合。②以提高创业意识、学习创业技能为核心的创新创业教育模式。以北京航空航天大学为例，该校专门成立相关的培训机构、设立种子基金，还建立了大学生创业园，并配备专业的知识型人才，不仅为学生提供创新创业指导，还为学生提供创业所必备的资金等许多帮助。③以创业教育为前提，以多元化的创新创业教育模式为学生提供指导与政策上的支持，并提供相应的实习基地。这一模式对于进一步推动各高校的“双创”教育的发展，起到了引导和示范作用。在通过不断实践积累了宝贵的经验之后，上海交通大学创建了立足于“三个转变”（专才向通才转变、教学向教育转变、传授向学习转变），贯彻“三个基点”（素质教育、终身教育和创新教育）的人才培养模式；黑龙江大学建立了“三大体系”，即课程体系、实践体系和管理保障体系，为学生提供更专业、更个性化的创新创业教育指导。

三、国内外高校创新创业教育特点的对比分析

基于上述对国外发达国家的创新创业教育演化历程以及我国的创新创业教育发展现状的探讨，本书进一步对国内外高校创新创业教育的特点及具体表现作了对比分析，如表2-1所示，以期寻找我国高校在创新创业优秀人才培养方面存在的问题，以及与国外成功的创新创业教育体系间的差距，从而为我国新时代背景下高校创新创业教育体系的设计、构建及运行提供参考。

表2-1　国内外高校创新创业教育特点的对比分析

类别	特点	具体表现
国外高校创新创业教育	（1）注重培养学生的创新创业意识 （2）开发系列课程 （3）分类开展创新创业教育，通过示范使学生获得感性体验 （4）以扎实、深厚的学术研究为支撑 （5）直接激发师生的创新创业活动	（1）引导学生从“被动适应社会”转变为“主动接受社会挑战” （2）围绕创新创业理论、实务、实践三方面设置课程 （3）家族创业、妇女创业、大型机构的创新和创业 （4）新技术新业态下的创业 （5）举办各类创新创业竞赛 （6）设立技术创新、创业研究中心 （7）毕业生和教师创建了大量的新公司，对经济发展做出了贡献

续表

类别	特点	具体表现
国内高校创新创业教育	（1）政府高度重视 （2）开设的课程初成体系 （3）教学方法日渐完善 （4）设立了专门的创新创业教学项目 （5）教材建设粗具规模，并达到了一定水平	（1）会议上的讲话及众多政策导向等 （2）创业家养成、创业规划与经营管理、创新活动管理等课程体系的设置 （3）教师讲授、案例讨论、师生互动、角色模拟、基地见习、组织大赛等教学模式的应用 （4）开设创新与创业方向的专门课程与试点班

通过表 2-1 可知，对照国外的成功经验，我国高校特别是一部分国内研究型大学虽然开始注重创新创业教育，并已取得一定成绩，但依然存在以下问题，这些问题影响了创新创业教育实施的实际效果。

（1）学科归属不明确。目前，部分大学将创新创业教育归属于现有的技术经济学或企业管理学，创新创业教育呈现被边缘化的趋势。

（2）课程的体系化程度有待提升。积极主动开设创新类课程或创业类课程的高校较少，而将二者结合的就更少了，且体系化程度不够。

（3）教学方式上实践教学欠缺。

（4）教学对象因学校而异。一些高校侧重于本科生教育，另一些高校则侧重于研究生教育，高职院校普遍开始注重学生的创新创业教育。

（5）教学内容因师而异。同样一门课程，不同教师讲授的内容差别较大。

（6）支撑教学的创新创业学术研究有待系统化和深化。

对于创新教育领域的研究，目前国内高校主要集中在创新的激励机制、突破性创新、新兴技术管理、复杂技术与产品创新、模仿与自主创新、技术导入与技术学习及技术内化、技术战略、创新战略、创新联盟、商业模式创新、产业创新体系等领域，与国外相比，我国还缺少对企业创新体系、创新流程管理等方面的探索。对于创业教育领域的研究，目前我国侧重于创业活动筹划、新创企业的治理结构、投资者与创业者的信任关系、创投公司的治理结构、投资者的项目与团队选择、连锁经营机制、新创企业风险管理、企业成长性评价等方面，与国外相比，还缺少对社会创业体系、新创企业成长管理等方面的研究。

四、新时代背景下我国高校创新创业教育发展的趋势

2010 年出台的《教育部关于大力推进高等学校创新创业教育和大学生自主创业工作的意见》提出，要通过创新创业教育，培养国家经济社会发展所需要的人才，促进高等教育科学发展。创新创业教育要面向全体学生，要在专业教育基础上，以转变教育思想、更新教育观念为先导，以提升学生的社会责任感、创新精

神、创业意识和创业能力为核心，以改革人才培养模式和课程体系为重点，大力推进高等学校创新创业教育工作，不断提高人才培养质量。创新创业教育要逐渐科学化、制度化和规范化，不断改革人才培养模式和课程体系，以便提升学生的社会责任感、创新精神、创业意识和创业能力。

创新创业教育工作如今已经在许多院校得到落实。例如，清华大学将创新创业课程体系深度融合在技术创新、技术商业化和高技术产业发展中，为企业重点培养具有创新能力和国际竞争力的技术创业型人才；中国人民大学把课程教育与实践教育充分融合，努力提高学生整体的综合创业素质；上海交通大学积极探索构建研究型大学创新创业教育模式；浙江大学与国外知名大学联合创办了“全球创业管理”硕士研究生培养项目。这些大学的实践探索都体现了创新创业教育以创新为基础的实质，运用本校资源支持创新创业，让创新创业推动经济社会发展。“大众创业、万众创新”理念开始走向实践，高校“双创”教育工作得到进一步深入推进。

（1）就业是民生之本。鉴于大学生就业难的现状，充分的就业有利于社会和谐与稳定。为积极促进就业，不断深化高校创新创业教育和实践育人工作，教育部先后出台了系列政策，在“以创带就”政策导向下，高校创新创业教育立足于就业，鼓励大学生自主创业，解决大学生就业问题。

（2）人们从心理到行动支持“大众创业、万众创新”，创新创业浪潮在中国迅速兴起。高校创新创业教育也进入了新阶段，由“以创带就”拓展为以“大众创业、万众创新”驱动经济社会发展，其实质拓展为以创新为基础的创业，支持创新者创业，使创新创业成为驱动经济社会发展的引擎。

（3）2015 年 5 月，《国务院办公厅关于深化高等学校创新创业教育改革的实施意见》（简称《意见》）提出，深化高等学校创新创业教育改革，是国家实施创新驱动发展战略、促进经济提质增效升级的迫切需要，是推进高等教育综合改革、促进高校毕业生更高质量创业就业的重要举措。[①]《意见》明确了高等学校创新创业教育改革的总体要求，包括指导思想、基本原则、总体目标，提出了主要任务和措施，包括完善人才培养质量标准、创新人才培养机制、健全创新创业教育课程体系、改革教学方法和考核方式、强化创新创业实践、改革教学和学籍管理制度、加强教师创新创业教育教学能力建设、改进学生创业指导服务、完善创新创业资金支持和政策保障体系九个方面，最后从加强组织领导方面提出要求，这标志着中国高校创新创业教育进入了国家统一领导下的深入推进新阶段。通过不断改革发展，到 2020 年建立比较完善的融课堂教学、自主学习、结合实践、指导

① 国务院办公厅. 国务院办公厅关于深化高等学校创新创业教育改革的实施意见.（2015-05-13）. http://www.gov.cn/zhengce/content/2015-05/13/content_9740.htm.

帮扶、文化引领为一体的高校创新创业教育体系，创新创业人才质量显著提升，培养学生的创新兴趣和意识，使其有更高的热情投身于创新事业，进而提高他们的创新创业能力。以上目标和要求是国家对于高等教育改革发展的迫切期待，是基于拔尖创新人才不足，高等教育与经济社会文化发展结合不够紧密，学生创新精神、创业意识和创新创业能力薄弱而提出的应对之策。

（4）2017 年 4 月 27 日，联合国大会通过决议，设立“世界创意和创新日”，将每年的 4 月 21 日定为“世界创意和创新日”，并呼吁各国支持“大众创业、万众创新”，这为各国促进经济发展、提高创新创业能力凝聚了新动力、创造了新机遇。同时，联合国将我国“双创”理念也写入决议，这一举动表明了创新是推动可持续发展的重要动力已成为广泛的国际共识。“双创”理念与“世界创意和创新日”的主题十分契合，得到了许多国家的认可，我国再次为全球问题贡献了中国智慧，提供了中国方案，这进一步提高了我国的国际地位。在当前世界经济复苏乏力的大环境下，“大众创业、万众创新”对于促进经济发展、增加就业起到了重要的推动作用。

综上所述，“大众创业、万众创新”是发展的动力之源，也是富民之道、公平之计、强国之策，是坚持创新发展、实施创新驱动发展战略的关键实现途径，反映了人类创新发展历史和经济发展的一般规律，揭示了创新创业理论的科学内涵和本质要求，是推进供给侧结构性改革的重要举措。

第三节　新时代高校创新创业教育的开展

中国特色社会主义进入新时代，这是党的十九大作出的重大政治论断。同时，党的十九大报告指出，创新是引领发展的第一动力，是建设现代化经济体系及实现高质量发展的战略支撑。当代中国的社会经济发展已由高速增长阶段转向高质量发展阶段，正处在转变发展方式、优化经济结构、转换增长动力的攻关期，因此，创新型人才特别是创新创业型人才对于党和国家各项事业的支撑作用显得尤为重要。

一、坚持以创新发展引领高校开展创新创业教育

2018 年 11 月，教育部高教司司长吴岩作了题为《跟跑　并跑　领跑：跑出创新创业教育的“中国加速度”》的报告，该报告明确指出，继续不断推进创新创业教育的发展可以作为新时代我国大学生素质教育的一个新突破，是我国对新时代人才培养模式的一次新探索，并为新时代大学生构建了一个奉献祖国、绽放青

春、展示风采的新平台，为世界高等教育的发展贡献了中国智慧和中国力量。不断加大对新时代中国高等院校创新创业教育出路的探索，全面深化创新创业教育改革，努力抓住机遇，勇于迎接挑战，是助推我国社会经济转型升级、高等教育教学改革、实施创新驱动发展战略的重要举措，也是为我国社会经济发展提供更多更优秀的创新创业人才的必由之路。

大力发展创新创业教育是我国高等教育改革发展的必然趋势，随着社会经济的不断发展，当今社会对人才的需求已经发生了很大的变化，创新型、复合型人才需求量不断增加，而这种多元化的现代人才也正在推动中国社会经济的不断发展。上述情况都对我国高等院校创新创业教育提出了新要求，而高校作为创新创业教育的主体，有着义不容辞的责任与义务。同时，创新创业教育的开放性、实践性和社会性决定了高校创新创业教育需要政府支持与社会参与，并且这些因素也深刻地影响着高校创新创业教育的开展。

二、将立德树人作为高校开展创新创业教育的根本原则

加强党对教育事业的全面领导是我国高等教育事业改革发展的根本保证，这也是我国教育事业发展的独特优势，同时也是新时代中国特色社会主义条件下我国教育事业发展的根本特征。社会主义性质的高校要培养的是一代又一代拥护中国共产党和社会主义制度、立志为中国特色社会主义奋斗终生的有用人才。因此，新时代立德树人的根本任务就是，培养德智体美劳全面发展的社会主义建设者和接班人，这不仅是思考和谋划高等教育改革发展必须牢牢把握的正确的政治方向和逻辑起点，也是我国高校开展创新创业教育的根本遵循。因此，创新创业教育的实施，本质上还是高校紧紧围绕“培养什么样的人”“怎样培养人”“为谁培养人”这一根本问题，结合建设创新型国家的战略需要，将创新创业教育的发展与高素质创新型人才培养结合起来，将高等教育的发展同国家的发展和需求紧密结合起来，不断提高人才培养质量，提升教育服务经济社会发展的能力，这与高等教育改革发展要坚持为人民服务、为中国共产党治国理政服务、为巩固和发展中国特色社会主义制度服务、为改革开放和社会主义现代化服务，真正做到为党育人、为国育才的要求是一致的。

三、明确高校创新创业教育的发展定位

定位决定格局。高等教育既是推动经济社会发展的重要力量，也是满足人民不断提升素质需求的一部分。新时代高等教育的内外环境、供求关系、资源条

件、评价标准都已发生了重要而深刻的变化。从1999年高校扩招，到2019年高职院校大规模扩招，经过20年左右的发展，我国高等教育规模已在世界名列前茅，极大地缓解了人民群众“上大学难”的问题。随着高等学校“质量工程”“双一流”建设等一系列改革举措的深入推进实施，高等教育质量稳步提升，中国已成为名副其实的高等教育大国，正迈向高等教育强国行列。但与党和国家的要求、社会的需求和百姓的期待相比，我国高等教育改革发展速度及其质量水平还存在一定差距，发展不平衡不充分的问题较为突出，尤其是作为高等教育重要组成部分的创新创业教育，发展较为滞后。因此，高校需要始终坚持党的教育方针，创新教育发展，在深入开展创新创业教育过程中转变发展方式、调整结构布局、优化资源配置，大力提升创新创业教育发展的质量和效益，将创新创业教育定位在办好人民满意的教育这个根本任务上，定位在扎根中国大地办大学的要求上。

四、瞄准高校创新创业教育的发展方向

从十九大到二十大，是“两个一百年”奋斗目标的历史交汇期，为此，党和国家作出了新时代中国特色社会主义两个“十五年”的战略安排，明确到21世纪中叶，要实现第二个“十五年”阶段目标及第二个“百年”奋斗目标，要把我国建成富强民主文明和谐美丽的社会主义现代化强国。教育兴则国家兴，教育强则国家强。强大的高等教育体系是建设社会主义现代化强国的有力支撑，高等教育加快发展已成为迫切的要求，特别是2015年以来，党中央、国务院作出统筹推进“双创”和“全面创新改革试验区”建设等决策部署，也明确了建成高等教育强国中有关创新创业教育的2020年、2030年、21世纪中叶“三步走”方案，对高校实施创新创业教育提出了明确的要求，为高校创新创业教育发展指明了方向。高校应将“两个一百年”奋斗目标与自身的改革发展紧密融合，力争在支撑国家创新驱动发展战略、“双创”战略等方面发挥更大作用，为实现“两个一百年”奋斗目标、实现中华民族伟大复兴的中国梦做出新的历史性贡献。

第三章
新时代高校创新教育与创新创业教育的耦合机制

第一节 高校创新教育与创新创业教育的分析

高校创新教育与创新创业教育是两个既相互联系，又有所区别的概念，从创新教育走向创新创业教育，是新时代高校适应建设创新型国家战略的需要，也是高校提升人才培养质量的内在需要。从内涵看，高校创新教育与创新创业教育表现出明显的区别和联系。

一、整体培养目标一致

从新时代的鲜明特色角度来讲，创新是推动我国社会主义现代化强国建设的重要抓手。当代大学生作为中国特色社会主义事业的一支重要力量，要做新时代的奋斗者，努力成长为担当民族复兴大任的时代新人。21 世纪是知识经济比拼的时代，需要的不是传统的发展模式，而是对传统发展模式进行优化升级。大学生是提升我国综合国力、国际地位及顺应新时代发展趋势的动力源泉，培育学生的创新精神与创新创业能力就显得尤为重要。创新教育以“一个目标”“两个依托”为主要内容，以全面发展学生整体素质为主要任务，以理论与实践“齐步走”为主要方法，以形成素质教育理念为终极目标，着力培养学生的创新精神。创新创业教育是一个动态灵活的模式，旨在使学生能够独立创业、自主择业，充分发挥自身优势与资源，具备创新创业实践能力。创新创业实践能力是一双“有形的手”，创新精神是一双“无形的手”，两双手共同推动创新创业型人才培养工作。

创新精神关乎人类文明历史的继承与发展，它既是创造社会价值的需要，也是人们创造自身价值的需要。当代青年要将个人所创造的新事物、新知识、新理念、新方法等应用到社会中，以达到不断解决人类遗留的历史性问题的目的。大学生从事创新实践活动需要具备四个基本素质，分别是创新思维、创新理念、创新意识以及创新技能。创新实践需要大学生首先具备创新意识，要敢于质疑，追求超越自我。其次要形成独特的创新思维，包括发散式思维、想象思维、逻辑性思维及直觉性思维等，继而将创新思维通过创新技能表现出来，而创新技能体现的是个人的综合能力。最后是要形成创新理念，显然，这种理念更像是一种思维惯性并且会不由自主地表现出来，是个体素质的主要组成部分。个体素质存在较大差异，影响着创新创业的结果。

二、核心内容本质相通

创新教育与创新创业教育在内容本质上是一致的，它们都作用于社会与个体两个层面：一方面满足生产力发展的需要，并解决相应的社会问题；另一方面拓展了人才创造力的发展空间。创新创业教育作为一项教育活动，教育者本身是关键。因为，教育者要将创新创业知识教授于人，就需要提高自身的创新创业教育能力。为了提升教育者创新创业教育能力，教育部出台了相应的培训与鼓励措施。创新创业教育的实现首先需要学生树立创新创业意识，用正确的意识去支配创新创业行为，这是培育创新创业素质的重要环节。其次需要学生弘扬创新创业精神，塑造创新创业品质。创新创业品质由创新创业者的心理行为与个性特征两部分组成，主要表现为意志力、适应能力及协调能力。最后是要培育学生创新创业的能力，即用创新的思维去分析、解决问题的能力和灵活、辩证的思考能力。

创新教育与创新创业教育是密不可分的，你中有我，我中有你。创新教育推动创新创业教育，创新创业教育反作用于创新教育，两者是一个相辅相成、错综复杂的辩证统一体。因为两者都注重充分发挥个体的主观能动性，都以“创新”为根本出发点以实现个性发展、提升学生综合素质与能力。两者的目的都是为了培养学生的学习能力，让学生准确定位自己的人生发展方向，通过潜能激发与主观能动性的充分发挥，使学生形成独立自主的品质。创新教育与创新创业教育都注重学生终身学习的自觉性与主体性、个性相结合的自由式发展。高校的创新创业教育成果评价的主要依据是学生走出校门之后的创新创业成果如何。创新创业教育要想成功，就要扎实开展创新教育。创新教育是共性，创新创业教育是个性，两者相互促进，共同形成一个不可分割的辩证统一的有机体。

三、作用效果相同

创新教育是当今最为热门的话题，不仅改革了教育的方式、方法，还丰富和改变了教育内容。创新教育培养的是适应时代发展，甚至是引领时代发展的创新型人才。创新教育赋予教育新的内涵和使命，是具有鲜明时代特点的教育结构性改革和发展。它更能适应社会主义现代化发展以及人类文明飞速进步对人才需求的变化。在传统的教育模式下，学生只是一味地“死读书，读死书”，局限于书本而少有变通，唯分数论高低，学生一旦踏入社会，则很难独立生存下去，更难以充分地展示个性以及实现思维方式的创新，进而导致思维固化，墨守成规。但是创新教育却为打破这种僵局提供了一种解决方法，它提倡大胆创新、奋发有为，努力促进情商与智商的高度融合，有助于健全人格的养成，致力于培养对社会发展做出一定贡献的创新型人才。传统教育脱离了实际，脱离了社会经济的发展，要改变这一现状，创新创业教育就必须更好地适应社会经济的发展，更加具有目的性、针对性。我们的教育应该顺应时代的潮流，适应当今社会的发展变化，增加学生的知识才干，使他们的优点和长处都能得到充分的发挥，为今后的学习、工作和生活拓宽道路，使他们的人生道路更加宽广。创新创业教育的核心是培养学生的实践能力。面对国际政治经济形势的复杂多变，高校还要注重培养学生适应国际形势变化的能力，使他们在今后的道路上能够脱颖而出，取得成功。另外，高校创新创业教育主要着眼于未来，而不是现在。它旨在为学生的未来发展提供更多的竞争优势，提高他们的生存能力，帮助他们实现自身的价值。当今世界，科学技术飞速发展，社会经济日新月异，学科交叉与融合，复合型人才的需求凸显。创新教育和创新创业教育是我国高等教育体系面对日新月异的国际国内形势进行的转型升级，其最终目的是服务于中华民族伟大复兴，推动经济社会向前发展。因此，中国教育从以升学为目的和以分数论输赢的传统教育模式转向对创新教育的探索，这为我国高等教育未来的发展指明了方向。我国的教育是面向现代化、面向未来、面向世界的教育，创新教育使高校更加明确了服务社会的责任，在更加注重基础教育的前提下不断输送对社会有用的人才，推动我国高等教育体系改革，使其更加适应日新月异的当今社会。创新创业教育不断了解教育所需，在重视教育整体方向的同时又能兼顾人的自我价值的实现。在美国，创新教育不仅要求学校重视学生的全面发展，也注重学生个人能力与潜能的开发，尊重其创新精神。在英国，创新教育采用导师制，在此模式下，学生的自学能力、动手实践能力与创新能力都得到了提升，这些能力正是学生未来在创新实践中不可或缺的。

四、创新教育与创新创业教育的差异

创新教育和创新创业教育相互交融、相辅相成、不可分割，它们都是时代的产物，但是又不能简单地给它们画上等号。

创新教育提倡的是培养学生的一种内在修养，以及创新思维和意识的养成。创新教育的根本任务：一是培养学生的创造性。培养创造性就是大力培养学生的创新精神、创新创业意识，以及注重健全人格的养成。二是培养学生的创造力，通过培养学生的创造性思维，帮助他们积累知识以及提高创新创造能力。创新教育贯穿我国高等教育始终，是一种能够与各个学科的知识进行整合与交流的教育模式。

创新创业教育把培养学生的创新精神和创业能力作为自己的价值取向，提倡的则是一种能力的培养——创新创业教育实践能力的培养。创新创业教育是对创新教育的一种继承与发展，已成为我国高等教育发展的一种趋势和方向。创新创业教育最核心的内容可以概括为“成物成己”。“成物”是指通过创新创业教育鼓励学生进行创新创业教育的实践活动。“成己”则是关注学生的自身成长，使他们具备符合时代潮流的创新精神和创业意识。创新创业教育的根本目的是让学生通过创新创业课程了解创新创业，激发他们对创新创业的热情和兴趣，提高创新意识，培养创业能力，为日后的工作、学习和生活打下良好的基础，让他们更好地适应这个瞬息万变的世界，提高核心竞争能力，拓宽职业道路。当前，创新创业教育的实践过程及结果依然是我国高校创新创业教育体系的唯一评价标准。

创新创业教育有其独特的课程内容体系，更多涉及应用学科，包括创新创业意识类、创新创业个性类、创新创业能力类、创新创业知识类。其课程的实施也有多种方式，如学科课程、活动课程、环境课程、创新创业实践课程等。从具体的教育教学内容来看，创新教育与创新创业教育主要有以下区别。

（一）创新意识与创新创业意识的培养

创新意识作为一种积极的心理品质，贯穿学习、生活与工作的方方面面。在教育过程中，创新更侧重于挖掘知识的发展前景。学生作为个体参与创新活动，对学生的创新欲望进行培养，可以使其心理品质有所提升，在尊重客观规律的前提下，善于思考，乐于质疑，敢于追求。创新创业实践活动对人的个性化行为有一定的心理影响。在创新创业意识方面对学生提出要求，根据他们的动机、想法和世界观等的不同进行逐一的、有针对性的考虑，从而制订不同的培养方案。

（二）创新思维与创新创业思维的培养

创新思维与创新创业思维截然不同。从心理学的角度来看，创新是一种创新式形象思维，而创新创业是一种创新式逻辑思维，更侧重于逆向思维。

创新的内涵在于找到全新的思维模式。创新创业象征着一类全新的事业的诞生，它需要创新精神和创新能力，创新程度的高低直接影响着创新创业的成败，两者关系紧密。

（三）创新精神与创新创业精神的培养

创新是建立在人们原有的素质之上的，跳出对原有知识的限定框架，进行全新的探索，创新精神培养的侧重点在于培养学生的好奇心以及探索精神。创新创业精神培养的侧重点则是培养具有勇于冒险、不怕困难、迎难而上、上下求索等进取精神的复合型人才。

（四）创新能力与创新创业能力的培养

创新能力是指人们对于某种信息的搜集、整理、加工、分析、存储、处理的过程中创造出新产品的能力，创新能力的培养要注重行为和动作等方面教育。创新创业能力则指的是人们通过自身的创新能力，在市场中寻找正确的创新创业方向，并且努力实现其目标的一种能力。影响创新创业能力的因素有很多，培养创新创业能力不只包括自身的智力因素，还包括自身的综合素质和各种能力，如各种专业技能、各种经验以及把握机遇的能力等。

（五）创新品质与创新创业品质的培养

创新品质指个体在参与创新活动时所表现出来的个性稳定的心理素质，以及独立、勇敢、专心等良好的个人修养与品行。创新创业品质是指创新创业者在创新创业过程中，对自己的心理和行为进行适当调节而表现出来的个性化心理特征。创新创业品质与每个人的性格、气质有着非常密切的关系。它反映了创新创业者的组织能力和处理问题的驾驭能力，创新创业教育注重培养学生独立自主、勇于冒险、坚韧不拔、严于律己、善于合作的精神。

总而言之，创新创业以创新为基础，也是创新的载体和实质表现。它们的不同之处在于，前者注重自我价值的最终实现，而后者注重人的综合发展，两者之间既相互制约又相互促进，是一个不可分割的辩证统一体。

（六）创新教育与创新创业教育认知的培养

挖掘人的潜能，是创新创业教育的重要目的。使人形成创造能力，并富有创造精神，是创新教育的主要目标。从现实生活的延伸角度出发，创新创业教育能够进一步体现出其真实性与物质性。关于创新创业教育在现实生活中的延伸，无论是从创新精神还是从能力角度出发，高校应用型教学都不能摆脱创新创业这个核心要点，否则便失去了意义。所以，必须要转变思维与教育模式，以适应时代发展的要求。从效果上来看，创新教育与创新创业教育是不能相互替换的。创新创业教育并不是一种简单的教育模式或者一类创新形式，而是能够助力创新教育发展的重要方式。

第二节　高校主体层面人才培养改革与创新创业教育

立德树人是高校的根本任务。高校人才培养改革与创新创业教育的联结，是新时代高校人才培养的重要方式。从高校人才培养改革与创新创业教育联结的机理看，耦合（coupling）是重要的联结机理。耦合借用的是物理学名词，原意指两个或两个以上的系统或两种运动方式之间，通过各种相互作用而彼此联系起来并产生一定功能或功用的现象，其实质是系统之间及其运动方式之间的共生互动，具有联结、配合的含义。在社会科学层面，两种社会行为通过特定的条件形成有机关联并发挥作用也叫作耦合。高校人才培养改革与创新创业教育的耦合对于学校培养适应新常态的具有创新创业能力的人才来说，具有重要的意义。

高等教育改革创新与创新创业教育相互依靠是完成耦合的基础。推进高等教育改革创新是创新创业的前提，高等教育改革创新的核心是增强大学生的担当意识、创新意识，通过创新思维和创造能力的培养，不断增强大学生的创新能力。在高等教育改革创新过程中，创新创业者把自己的创造能力变成生产力并加速社会向前发展的过程，也就是创新创业教育过程。创新创业教学是实践的前提。创新创业教学不是让学生直接参与创新事业，而是让学生通过创新创业教学明白创新创业的规则，学到创新创业的基础知识，为将来投身创新创业储备相关的知识，具备相应的素质。在创新创业教学当中，学校为学生提供了多种创造性内容，有利于增强学生发现与解决困难的能力，使学生具有开拓进取的精神。

创新教学与创新创业教学的区别是完成耦合的推动力。创新教学和创新创业教学都是学校人才培养的方式。学生创新能力与精神养成具有统一性，但是在目标上又存在一些区别。创新教学的目的是促进学生创新意识、思维和品质的养成，让学生成为创新型人才；创新创业教学的目的是养成学生创新创业意识和精神。两者无法互相代替。二者的内容和边界不同又相互交叉，提供了二者耦合的推动力。

一、主体层面与创新创业教育的耦合机理

高校人才培养改革与创新创业教育的耦合机制从教学层面分析，包含学校、学生、社会三个层面。从学校层面看，主要是将企业、社会和学生融合到创新创业教育中，充分发挥社会和企业的作用，学校需要按照创新型人才培养的目的、类型、专业等，明确想要达到的社会利益目标，形成完整的教育系统，以便在教学中可以精准地将社会需求反映给学生，提升高校教师的教学能力，激励学生了解自身的优缺点和社会的需要。在学生层面，学生是耦合的主体，学生在达成基本教学目标后，可以通过耦合创新创业教育系统，抓住机会增强自己的创新创业能力；学生参与社会活动，更有效地掌握社会需求和改正自己的缺点，并在此过程中提升自身能力，增加社会经验。在社会层面，通过社会实践，使学生的创新创业技能得到大幅提升，激发更高的学习热情，具备更强的适应社会的能力；通过社会实践，也可以把社会的需要反馈给学校，以便学校适当改变教学计划，为学生提供更多、更好的社会实践活动，以保证学生在实践活动中熟练运用所学知识和技能。

二、高校人才培养与创新创业教育的联结机理

教育质量的提升，始终是高等教育发展的重要目标，也是高校提高自身竞争力的重要基础和前提。无论高等教育质量的提升，还是高校竞争力的提升，最终都是通过人才培养质量的提升来体现。高校坚持走内涵式发展道路，需要紧紧围绕人才培养这一根本目标，从教育教学、学科建设、科学研究、内部治理等方面大胆改革，破解改革发展难题。创新创业教育作为适应建设创新型国家战略的一种新的教育理念和人才培养模式，其主要任务是增强学生的创新意识、培养学生的创新创业能力，反映知识经济时代高校人才培养的新发展、新举措。因此，站在立德树人根本任务的高度，高校人才培养与创新创业教育的

联结机理是指，在明确的办学定位和人才培养理念的基础上，构建两者相互影响与契合机制，两者联结的程度决定着高校开展创新创业教育的前景与未来。

（一）理念的联结

理念是行动的先导，先进的理念是实践成功的前提。在我国高校中，无论是应用型大学还是研究型大学，尽管具体的人才培养定位不一样，但人才培养的理念都是相通的，都是致力于培养具有开拓精神、较强社交能力和管理技能的高素质人才。创新创业教育作为一种新的教育改革模式，对学校来说，通过创新创业教育的实施，可以大力培养学生创新创业能力、独立工作的能力，这与高校人才培养理念是相通的，只是实施路径上，会结合高校实际，各具特色。所以，高校人才培养与创新创业教育理念具有很大的联结性，这种理念上的联结是高校开展创新创业教育的思想土壤。

（二）定位的联结

人才培养和科学研究是高校为经济社会发展提供服务的载体和依托，也是高校的重要职能。专业教育是人才培养“打地基”的工作，学校专业建设必须以适应区域经济社会发展需求为立足点。高校创新创业教育并不局限于单一的学校组织层面，它是高校内部和外部各组织、要素之间动态互动的实践活动，而企业家精神是创新创业者的原始力量。当前，随着区域经济的快速发展，不断优化升级的产业结构和产业格局必然导致区域经济社会对创新型人才需求的增加。创新创业教育的内容是适应时代变化和社会发展的先进内容体系，是高等教育与市场经济之间的联结点，将创新创业教育与区域经济发展充分融合，有利于地方高校更好地实现发展目标。高校要走出去，就要主动适应区域经济发展、产业升级和技术进步的需要；要以社会和市场需求为导向，以地方经济的主导产业和支柱行业为依托，建立创新创业教育的优势学科，并发挥自身科研优势，实现高校与区域产业的有效对接。一方面，拓展高校与地方的合作，深化产学研联合机制，使高校培养的人才更符合经济社会发展的需求；另一方面，依托产学研一体化，实现学校、企业与社会的良性互动，反过来进一步深化创新创业教育。同时，通过创新创业教育，也可以将学生的创新创业项目与高校科研成果有机结合，提升高校科技成果转化率，进而促使新的科研成果更直接有效地应用到实际社会生产中，为地方经济发展服务。因此，高校人才培养和创新创业教育的开展，与面向地方、服务地方和借力地方的定位具有高度的联结性。

(三)开放性的耦合

在高等教育国际交流与合作越来越密切的大背景下，高校传统的办学理念、办学思路及办学机制、人才培养模式等都受到了巨大的冲击，这也是对我国高校改革发展提出的挑战。如何将传统的办学优势与实施开放办学，以及与先进的教育理念相融合，以顺应新的高等教育发展形势，不断提升学校教学科研水平与人才培养质量，从而提高高校竞争力，为党育人，为国育才，以更好地服务于国家的经济社会发展，这是当前我国高等教育改革的时代课题。西方发达国家的高校创新创业教育活动开展得比我国早，成熟度比我国高，学习借鉴西方国家高校创新创业教育的成功做法，也是促进我国高校创新创业教育快速发展的重要途径。根据认知学习理论，大学生创新创业知识的获取主要有两个途径：一方面，来自于创新创业教育的显性知识传递；另一方面，来自于创新创业隐性知识的内化。因此，新时期高校创新创业教育要紧紧围绕经济发展需要，密切关注西方发达国家高校创新创业教育发展趋势，不断提高自身创新创业教育水平，培养创新人才。此外我们还要看到，大学是引领社会进步和经济社会发展的人才高地与创新人才培养集散地，可以通过创新创业教育积极打造高水平、高层次的平台，与企业共同建立科技园、实验中心或创业实践基地，以产学研相结合的方式服务地方经济发展。高校具备的科研优势、学科门类综合优势、培养创新创业型人才的技术研究和科技创新能力等决定了高校具有培养“双创”人才的独特优势。在新时代有效地探索创新创业教育发展模式，需要高校在创新创业人才培养过程中，通过树立现代教育理念、密切国际交流与合作等方式，深层次建设更多的合作平台。因此，高校人才的培养和创新创业教育在开放性上具有高度的联结性。

(四)导向上的联结

随着我国经济发展进入新常态，市场经济稳定发展和产业结构进行优化升级，单一专门的传统人才培养模式已经很难适应新时代市场经济对人才的需求。专业教育与创新创业教育是大学教育不可或缺的重要组成部分。从教育目标来看，无论专业教育还是创新创业教育，二者在育人的根本目标上是一致的，都是为了培养德智体美劳全面发展的社会主义建设者和接班人。课程体系作为高校开展创新创业教育的最基本、最重要的载体之一，学生的创业意识、创新精神与创新创业能力的培养需要通过专业教育来实施。创新创业教育如果仅仅局限于“创业管理”或“大学生就业与创业指导”课程，就很难满足大学生对创新创业相关理论学习和创业技能训练的需要，因此学科理论与“双创”实践之间的壁垒必须打破，以形成理论联系实践的联动机制。创新型人才的培养需要突出创新创业和复合型人才培养两个导向，要将学生人文素质与科学精神的培养作为重点予以加强，在教育的过程中，要针对学生学习能力、适应能力和创新能力的培养，实施综合教育改革，融合通识教育和专业教育、专业教育与创新创业教育，以构建适应建设创新型国家需要的新型人才培养模式。

三、人才培养与创新创业教育关联耦合效应的载体

2019年3月，《2019年政府工作报告》指出，鼓励更多社会主体创新创业，拓展经济社会发展空间，加强全方位服务，发挥双创示范基地带动作用。实施国家创新驱动发展战略，从国家层面到地方政府，都在积极探索创新驱动战略的实施载体。为了加快创新型省份建设，2016年8月，江苏省人民政府出台《关于加快推进产业科技创新中心和创新型省份建设的若干政策措施》，该文件结合实际，从创新驱动、深化改革和问题导向等方面提出了40条措施，探索推进创新驱动发展。党的十九大以来，通过学习党的十九大精神及全国两会精神，结合高校工作发展实际和“双一流”建设目标，高校实施了一系列提升科技创新能力与服务水平的举措，加快推进创新创业教育，培养创新型人才。

落实党的十九大精神，推动中国经济高质量发展，是党和国家的一项重要战略任务。高校作为推动科技创新和培养创新型人才的重要阵地，要发挥好五大职能，服务经济高质量发展，既需要长期投入和长远布局，也需要作出现实的回答。从高校创新创业教育开展情况看，自2016年以来，全国高校纷纷加大了创新创业教育工作经费投入，特别是对大学生创新创业孵化项目、大学生创业孵化基地、创客空间、众创空间等，加大了建设力度；同时，向大学生开放公共实验室、实践教学平台，让更多的学生走进实验室；组织更多的学生参与学科竞赛，给予更多的经费支持，特别是支持学生参与各级各类创新创业与科研训练项目和竞赛。围绕创新型人才培养这一目标，面向经济建设主战场，高校积极申报国家级及省级卓越工程师、卓越法治人才、卓越新闻传播人才、卓越医生、卓越农林人才、卓越教师等人才培养计划，开设卓越人才培养班；深化学分制改革，实行弹性学制，探索“第二课堂”成绩单制度，鼓励教师指导学生参加社会实践、创新创业活动。一系列举措有力地促进了高校创新创业教育的蓬勃开展。

发展是执政兴国的第一要务，人才是第一资源，创新是第一动力。党的十九

大报告明确指出，要培养造就一大批具有国际水平的战略科技人才、科技领军人才、青年科技人才和高水平创新团队。在国家战略和政策导向下，高校创新创业教育迎来了加快发展的大好时机。高校要紧紧抓住人才需求的战略机遇，围绕创新人才培养，积极探索创新创业教育的不同模式，推进高校创新创业走向深入。在操作层面上，高校创新创业教育一是要明确教育的对象是全体学生，要将创新创业教育融入人才培养的全过程。二是创新创业课程的设置既要区别于专业教育，又要依托专业教育，建立二者的密切关系，体现学科专业间的相互渗透融合。三是要以新的教育观念引领创新创业教育，着重培养学生的社会责任感、创新精神、创业意识和创业能力等。四是要大力推进人才培养模式和课程体系改革。尤其是管理体制机制创新方面，要根据创新创业教育的需要，结合高校发展实际，敢于突破现有管理与运行框架，创设良好的工作与制度环境。例如，可以根据需要，自主聘请专职科研人员；设立一定比例的科研流动岗位；改革职称评聘制度，将指导创新创业作为职称评定的业绩条件；改革绩效工资分配，探索将指导创新创业纳入薪酬分配制度等。

创新创业教育的有效开展，还要在科研管理体制创新和科研项目经费管理方面推进配套改革。打破学科界限和校内外壁垒，已成为高校创新创业教育工作及人才培养的改革重点。创新创业教育的推进离不开学科与平台的支撑，因此，高校在抓住重点研究项目，搭建特色科研平台，吸引社会资源等方面还需要加大力度；在科研评价方面，要考虑创新创业因素；要以“放管服”为原则，将科研项目经费管理制度、项目经费预算、统筹科研经费绩效支出分配管理等与创新创业教育工作有机结合，构建支撑创新创业教育的科研制度体系与相应的财务制度。

建设创新型国家是一项系统工程，需要多方参与、协同合作，建设创新型高校是这项系统工程的重要方面，而建设创新型高校的关键还在于全力推进创新创业教育的开展。高校需要借鉴国外经验，在教育部门引导下，展开多元探索，通过创新创业教育更好地推进高等教育改革，关注社会需求，深刻理解产业发展难题，重新整合专业教育知识体系，改革教学模式，提高教育教学质量。作为创新体系的重要一环，高校如果创新效率高、创新环境好，能积极主动与地方经济携手，加强合作创新，就能有效促进社会创新能力的整体提升。高校也能通过创新创业教育人才培养来推进创业型经济发展和创新型国家建设。

高校需要建立与产业界的合作关系，为创新创业教育搭建实践平台。学校的优势在于理论知识系统的培养，而产业界的优势在于更多地关注知识在实践中快速的应用，使学生有机会进入产业界进行情境学习，这也是创新创业教育实施的重要环节之一。高校与企业的合作，有利于聚拢创新动力，形成创新合力。新形势下高校正在依托自身学科、人才优势，围绕大数据、云计算、生物医药、新能源等高新技术及战略性新兴产业领域，与政府、企业合作，共建共享产学研合作平台或研发机构，不断探索适合我国国情的创新创业教育。

（一）搭建校内创新创业教育综合平台

高校共青团组织机构健全，职责明晰。由于高校共青团组织的特殊性，日常与学生联系得较为紧密，可以充分了解学生的个性化需求，这十分有利于有针对性地对学生开展创新创业教育工作，这也是高校共青团组织的独特优势。因此，发挥高校共青团组织在实施创新创业教育建设中的优势，结合专业教育和学生学科竞赛，搭建创新创业教育平台，是高校整合校内资源、推动创新创业教育的有效路径之一，尤其是可以针对各年级学生的不同情况，有区别地进行创新创业意识引导及能力培养，不断探索并构建一套有益于广大学生创新创业教育特色的发展模式。例如，针对低年级大学生开展创新创业存在资源不足、不善经营等诸多条件限制的情况，共青团组织可以通过开展众创空间、创客活动、创业大赛等形式丰富的“双创”活动来弥补条件的不足和限制；针对临近毕业的大学生，由于他们已经有了初步的职业规划，可以通过孵化园、园区、实训营等激发他们的创业热情，并为他们实现创业的梦想提供实实在在的创业实务方面的帮助。

在实际工作中，相当一部分高校在挖掘、整合校内资源，搭建学生创新创业综合平台方面进行了探索试验。例如，上海一所本科高校，在实施创新创业教育过程中，就将专业教育、学业生涯、团学建设三者有机融合，打破部门间的界限，搭建创新创业平台，探索三条线发展并进的关联耦合机制。如图 3-1 所示，专业教育是第一条线，通过整合学院专业教育、第二课堂活动，以及竞赛等资源，构造一个供给平台，为不同年级和专业的学生选择创新创业方向提供多样化的“菜单”。学业生涯是第二条线，对学生进行个性化培养，鼓励学生自主性学习是实施创新创业教育的一种有效形式，围绕学业生涯，学生可利用供给平台所提供的创新创业资源，结合自身能力和需求，制订个人学业计划，并积极参与创新创业活动或竞赛，争取获得良好的创新创业成果。团学建设是第三条线，因为团学建设工作在学生学业生涯中发挥着引导、实施、督查和检验的作用，所以通过发挥团学建设工作的独特优势，可以确保前两条线所搭建的供需体系顺利运转，最终实现专业教育和团建工作在推动学生创新创业教育上的耦合效应。

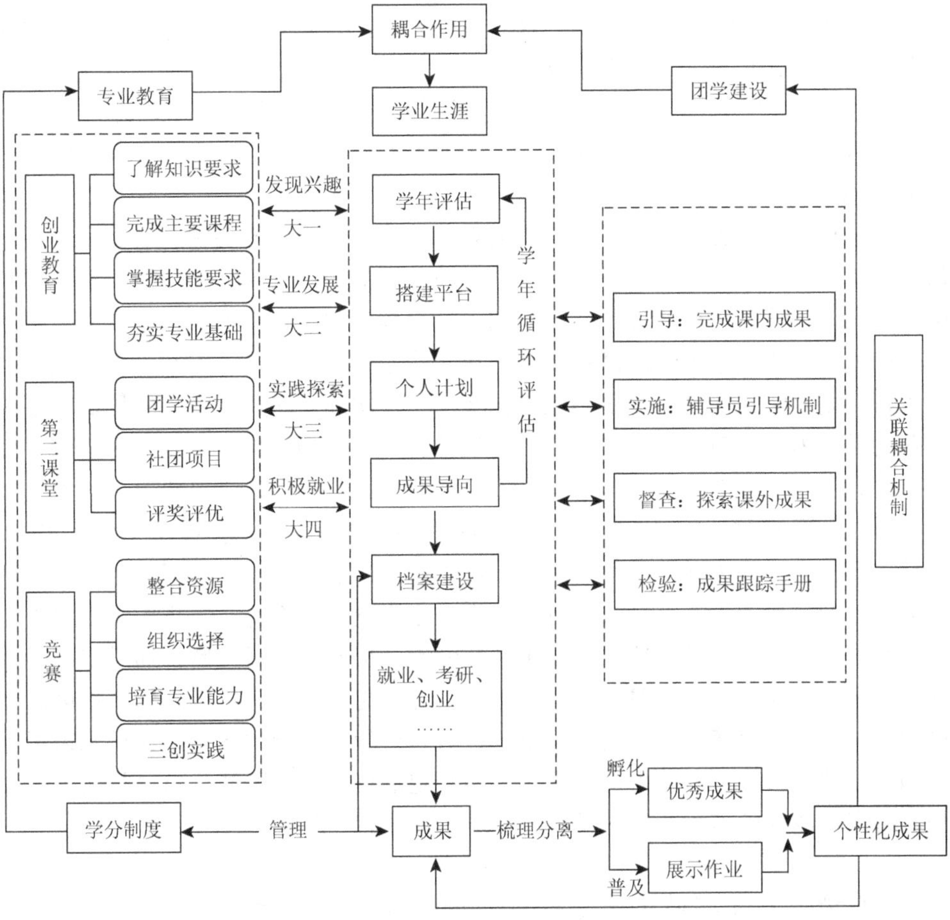

图 3-1　专业教育、学业生涯、团学建设三位一体平台

（二）发挥辅导员在创新创业教育工作中的重要作用

随着经济社会发展对人才的需求越来越强烈，人才在经济社会发展中的重要性日益显现，社会也越来越关注高校的人才培养质量，尤其关注大学生科技创新能力的培养。另外，大学生就业能力的提升、综合素质的增强、就业难问题的解决等，都需要从培养大学生科技创新能力方面找到突破口。实现大学生科技创新能力提升，只依靠学生自身是不够的，还需要有指导者、引领者。高校辅导员作为大学生在步入高校后的第一位老师，既是学生成长的人生导师，也扮演着引导大学生提升科技创新能力的重要角色。引导青年大学生充分认识科技创新能力的重要意义，激发大学生参与科技创新的内在动力，运用多种方式指导大学生参与科技创新活动，也是新时代辅导员的一项重要职责。

从另外一个角度看，对学生科技创新能力提升进行指导，其实也是对辅导员职业素质提出的新要求，促使高校辅导员不断提升综合素质。辅导员只有具备了专业化的知识，在指导学生成长成才的过程中，才会得心应手，才能解答学生在实践操作过程中遇到的问题，进而不断发现学生的兴趣点，激励学生投身于创新创业工作。

形成科学的世界观、人生观、价值观是学生健康成长的关键。引导学生正确认识科学世界，是辅导员引导学生提升科技创新能力、实现创新创业的前提和基础。为此，辅导员可以通过科技创新知识宣讲与榜样示范等形式，引导学生树立正确的观念，激发学生创新创业热情。在实践层面，辅导员可以结合课堂教学，组织科技创新实践活动，鼓励学生积极参与。在实际操作过程中，辅导员可以对实践动手能力强及对科研有兴趣的学生进行有针对性的辅导，启发学生的创新思维，培养学生的创新意识。辅导员在创新创业教育过程中，不仅要引导学生发挥提升科技创新能力的主体作用，还要注重联系学生实际与学校实际，从实际出发，创设更丰富的形式去激励学生。例如，可以通过职业生涯规划教育，引导学生树立创新创业目标并为之奋斗；通过进行爱国主义教育，教育学生正确认识科技无国界，但科学家有祖国，要引导学生科技爱国，提升社会责任感；通过组织科技创新讲座，不断提升学生对创新的兴趣，同时，也要让学生正确认识科技创新与伦理的关系，不能违反科技伦理。要通过教育引导，让学生清楚地认识到未来社会的竞争就是科技创新能力的竞争，具备一定的创新素养既能让自己具备竞争优势，将来也能为国家和社会的发展进步贡献力量。

（三）有效发挥思想政治教育在创新创业教育中的作用

高校思想政治工作是培养德智体美劳全面发展的社会主义建设者和接班人的重要思想保障。扎根中国大地办大学就需要将创新创业教育与思想政治工作有机融合。我们要看到，高校创新创业教育不是脱离大学教育而孤立的教育教学活动，而是大学教育适应建设创新型国家需要而出现的一种人才培养模式。因此，高校立德树人的根本任务与实施创新创业教育并不矛盾，要以立德树人为指引，将创新创业教育贯穿高校人才培养全过程，让学生在提升科技创新能力、增强创新创业意识的过程中，进一步提升和增强政治认同、理论认同和价值认同，最后统一于培养担当民族复兴大任的时代新人这一目标。

在认识高校思想政治教育与创新创业教育的关系时，要充分认识到高校思想政治教育是创新创业教育的灵魂，是方向指引。同时还要看到，当今时代，思想政治教育也在随着时代的进步而发展进步，特别是随着新媒体技术的不断发展，充分运用新媒体、新技术开展思想政治教育已成为高校思想政治工作的发展趋势。

新媒体时代下的信息传递具有强烈的交互性特征，传统意义上思想政治教育的“灌输者-被动接受者”关系，转变为一种平等的对话关系，每一个交流主体都拥有信息提供者、传播者和接受者多重身份。针对创新创业教育的特殊性，需要高校不断探索、创新思想政治教育的方式方法，将方向指引切实体现在工作实践中。因此，新时代的思想政治教育要有效嵌入与创新创业有关的微博、微信、易班网、QQ、慕课等新媒体、新技术、新平台、新模式中，将思想政治教育内容与功能通过多种多样的创新创业教育载体形式表现出来。这样就能将创新创业教育与思想政治教育及高校人才培养融为一体。这样做既可以了解学生关心的热点问题，也可以解答学生思想上的疑问和现实中的困惑，从而引导学生关注社会正能量，关注自身健康成长和社会发展需求，正确把握人生发展航向，教育、引导学生努力成长为中国特色社会主义事业的建设者和接班人。

第三节　高校创新教育与创新创业教育耦合的条件分析

我国高校创新创业教育虽然起步较晚，但却是我国高等教育改革发展、推进创新型国家建设的必然要求。创新教育与创新创业教育二者的耦合受到内在因素及外在因素两方面的影响。创新教育和创新创业教育耦合是社会发展的需要，两者具有实现耦合效应的基本条件。

一、高校创新教育与创新创业教育耦合的内在驱动因子分析

创新创业与创新，二者关系主要体现在：创新是创新创业的源泉，是创新创业的本质。在创新创业过程中，创新创业者需要具有持续旺盛的创新精神及强烈的创新意识，只有这样才可能产生富有创意的想法或方案，不断寻求新的思路、新的方法、新的模式，最终获得创新创业的成功。创新在创新创业活动中之所以重要，是因为创新能将潜在的知识技术和市场机会转化为现实生产力，实现社会财富增长，造福人类社会。而创新创业是实现这种转化的根本途径，创新创业者不一定必须是创新者或发明家，但必须具有能发现潜在商业机会并敢于冒险的特质。按照分工的不同，创新者也并不一定必须是创新创业者或企业家，但创新成果则必须经由创新创业者推向市场，使其潜在价值市场化，只有这样创新成果才能转化为现实生产力。创新创业推动并深化创新，因为创新创业可以推动新发明、新产品或新服务的不断涌现，创造出新的创新需求，从而进一步推动和深化科技创新，提高企业或整个国家的创新能力，推动经济增长。上文已经分析了创新教

育与创新创业教育的异同点，二者之间的辩证统一关系为创新创业教育提供了内在的驱动力。

（一）创新教育是创新创业教育的基础

众所周知，创新教育是知识经济时代的内在要求，“在当前建设创新型国家的背景下，要大力推进和提高国家的自主创新能力，这要求高等教育培养大量的具有强劲的创新意识和创新能力的人才”[①]。创新教育是创新创业教育的基础，而创新创业教育是实施创新教育的一个关键突破口，目的是培养大学生的创新精神和创新能力，这是素质教育顺应时代要求的更高层次的定位。

高校开展好创新创业教育，关键需要有好的制度设计，打牢制度基础。当前，我国高校面临创新人才成长机制不够完善的困境，体制机制的僵化成为创新创业教育进行得不够深入及创新人才成长缓慢的制度瓶颈。例如，目前科技成果评价机制和评价体系导向，事实上形成了严重的重数量、轻质量的倾向，导致高校中普遍存在学术浮躁现象；在用人制度上，一些制度导致人才作用得不到充分发挥，个体的创造性受到压抑，高校的相关管理制度离真正的“放管服”要求还有一段距离。

高校开展创新创业教育，还需要有一个良好的创新创业文化氛围。例如，可以通过大学新生入学教育以及广播、校报、宣传橱窗等渠道广泛宣传创新创业，同时以活动为载体，大力传播创新创业文化。在创新创业教育管理方面，需要高校自觉主动地将创新创业理念融入教学管理的日常工作中，建立健全创新创业教育管理、培养、考核、评估、反馈等工作机制。对创新创业教育队伍建设，也需要通过教师选拔、任用、培养与考评等机制的完善，不断提升创新创业教师水平与管理人员的素质。只有教师水平与相关管理人员素质同时提升，才能以先进的教育水平和管理水平，对受教育者进行创新创业意识和能力的培养。另外，在具体课堂教学方面，也需要开发系统的创新创业课程，包括必修课与选修课，以满足不同专业和层次学生的学习需求。例如，组织开展创新创业教学研究及编写高水平教材等活动。

（二）创新创业教育是创新教育的深化

高校创新创业教育的实施，在培养高素质人才、推动我国经济发展以及保持社会稳定方面起着十分重要的作用。创新创业教育通过创新创业教学与

① 谭轶群. 应用型本科院校创新与创业教育存在的问题及对策. 长春工业大学学报（高教研究版），2011，32（1）：90-92.

实践，系统地传授创新创业相关知识，让学生掌握创新创业基本技能，不断增强其创新创业意识、激发其创新创业热情，从而使其养成创新人格与品质。因此，从培养和提升大学生综合能力、综合素质的角度看，需要不断锻炼大学生的创新能力、创新创业技能，以实际的创新创业为出发点，以达到创新创业教育的目标，这是一种更高层次的素质教育。同时，高校创新创业教育的实施直接反映的是经济社会发展的要求，它的成功实践有利于大学生群体转变就业观念，以创新创业的形式来实现就业，有利于减轻就业压力，从而为社会的稳定做出贡献。

创新教育作为一种新的教育模式，体现了教育观念、思想和制度等的变革发展。在高校，创新教育与创新创业教育直接相关，可以说，在一定意义上，创新创业教育的质量越高，创新教育的质量就越好。站在不同的角度来分析高校创新创业教育，有利于更加清楚地认识创新创业教育的内涵，进而构建全新的创新创业教育体系。首先，站在大学生的角度来看，学生是创新创业教育的主体，从高中来到大学，创新创业对于他们而言，是一个“从无到有”或“从未接触过”的新鲜事物。事实上，创新创业过程中的各种创新活动，可以是创新一种产品、创新一个管理模式等，这些创新创业活动中的创新因素，对思想活跃的学生来说具有很强的吸引力。其次，创新创业教育能有效培养大学生创新思维和实际动手能力。特别是围绕创新创业活动，组织学生开展设计与创造，不仅可以培养大学生发现问题、解决问题的能力，还能培养大学生的创新思维与开拓精神。再次，创新创业教育还能培养学生的优良品质。任何创新创业活动都不会是一帆风顺的，都充满了未知和风险，参与者随时都会遭受挫折，对大学生而言，每前进一步都是对勤奋、诚信、坚毅、果敢等优秀品质的锤炼。学生的进步成长，从另一个角度反映了大学生的全面发展。最后，我们还要看到，创新创业教育是与创新和实践紧密相连的，学生除了在课堂上接受创新创业理论知识外，更重要的是在实践中获得真实的体验。学生创新创业体验是创新创业教育的重要一环，因此，学校应尽可能为学生提供开展创新创业活动所需要的体验条件，提供创新创业教育实践基地、实习基地、课外创新创业基地等，搭建学生创新创业平台，举办创新创业竞赛活动，积极组建创新创业团队，推广创新性试验计划，开展虚拟创新创业活动等。

随着我国经济发展进入新常态，以创新引领发展成为促进经济高质量发展的新引擎，高校人才培养要适应经济社会发展的需要，实施创新创业教育就显得尤为迫切。另外，解决大学生就业难的问题，也需要以创业带动就业，这直接反映了创新创业教育的重要性。与西方发达国家高校创新创业教育相比，我国高校创新创业教育还面临不少问题。最直接的就是，当前很多大学生创办的公司或倒闭或被兼并，在经历了创新创业的艰辛后，创新创业者的热情降低了，创新创业走进低谷，这个时候高校和学生都面临新的选择。对高校来说，创新创业教育是坚持还是放弃？对学生的创新创业活动是一如既往地扶持、鼓励还是任其自生自灭？对学生而言，是继续坚持实现创新创业目标还是在黎明前的黑暗中倒下？这些直接又现实的问题，对社会、对学校、对学生来说都是考验。西方发达国家的经验证明，只有长期坚持，在创新创业路上不断攻坚克难，才会取得理想的效果。这就需要从政府、高校内部不断修正完善相关政策和制度。例如，我国大学生的学籍管理制度、政府对大学生创新创业者的扶持方式等都还需要加大改革的力度，以便为大学生创新创业提供优良的政策与制度环境。大学生创新创业教育的质量会在很大程度上影响和决定这个国家的未来。目前我国大学生创新创业教育普及程度低，这说明我们对创新创业教育重视得还不够，还有很大的发展空间。

尽管创新教育与创新创业教育有着明确的边界，但事实上，二者的关系是你中有我，我中有你，相互交叉，渗透融合，二者内在的相互关系为其耦合提供了有力的驱动力。另外，我国高校教育改革发展存在的各种现实问题以及经济社会发展需要也促使创新教育与创新创业教育二者有效联合，以不断解决创新创业教育过程中存在的问题，问题具体表现为以下几个方面。①发展定位问题。无论创新教育还是创新创业教育，地位边缘化是一个不争的事实，其人才培养目标、教学模式都具有不确定性。②课程教学问题。课程体系化程度不高，内容不够鲜活，教学方式重理论传授、轻实践体验。③教师队伍问题。教师队伍中缺乏具有自主创新能力的拔尖人才，很多时候其他专业教师被临时安排过来担任授课教师，创新创业教育人才开发和选拔的机制不够健全，而且科技成果转化率比较低。④内部治理问题。一部分高校内部缺乏创新氛围及创新机制。⑤资源整合问题。基本教学单位的创新创业教学资源缺乏整合，分散化、碎片化、短期化是很大一部分高校创新创业教育资源使用的现状。⑥教育教学支撑问题。目前，创新教育主要侧重于研究复杂技术与产品创新、创新联盟、创新战略以及创新的激励机制等。创新创业教育主要侧重于研究创新创业活动的筹划、投资者与创新创业者的信任关系、新创企业的治理结构、投资者的项目与团队选择、连锁经营机制等。因此，如何将二者有机结合，构建创新创业体系、新创企业成长管理体系、创新技术与创新产品管理体系以及创新创业流程管理体系等，还有待系统化研究。

二、高校创新教育与创新创业教育耦合的外在促进因子分析

实现高校创新教育与创新创业教育两者的耦合，政府及全社会的高度重视是一个有效的外在促进因素。1999 年，党和国家就提出要帮助受教育者培养创新意

识、创新创业意识和创新创业能力，鼓励高校探索大学生自主创新创业的有效途径，并出台了相应的政策措施，如教育部《面向21世纪教育振兴行动计划》提出的鼓励大学生自主创业的政策。党的十九大报告指出，鼓励创业带动就业。提供全方位公共就业服务，促进高校毕业生等青年群体、农民工多渠道就业创业。自2010年以来，在教育部等有关部委的大力推动下，不少高校的创新创业教育活动开展得有声有色，创新创业教育活动也在相关制度不断完善的情况下走上规范化、科学化的轨道，这有力地促进了高校创新创业教育的开展。随着我国经济产业结构的不断转型升级，以新发展理念为指引的经济发展方式也在发生转变，特别是创新驱动发展战略的推进实施，对具有创新精神的科技人才和创新创业型人才的社会需求急剧加大，这也为大学生提供了更多的创新机会和自主创新创业的舞台。大学生选择创新创业，一方面体现了大学生就业发展的一种新趋势，另一方面也成为我国经济增长的新亮点。例如，深圳的创新发展以及北京中关村、苏州工业园等经济发达地区科技园区建设的实践，都印证了大学生选择创新创业对国家经济发展的推动作用，这些都为创新教育与创新创业教育的耦合提供了可靠的实践依据。目前，从总体上看，我国大学生自主创新创业的人数还较少，这说明我国高校创新教育与创新创业教育的耦合还存在不少的问题。从外部因素看，首先，还没有形成全方位、多角度和全社会支持创新创业教育的氛围，社会、高校、家庭以及个人对创新创业的认识还不一致。从家庭的角度看，受传统观念影响，绝大多数家庭存在求稳的心态，在社会保障不健全的情况下，一般家庭都不太愿意让子女承担创新创业可能带来的失败风险。从高校的情况看，也有相当一部分人认为，创新创业教育只是针对那些创新能力较强而且想创业的学生所进行的一些创新创业技能培训，没必要对所有的学生进行创新创业教育。从整个社会对创新创业的认识来看，很多人都将大学生创新创业与“做生意”“不务正业”画等号，甚至给参与创新创业的学生打上“没出息”的标签。认识的不统一不仅极大地影响了学生创新创业的积极性，也极大地阻碍了高校创新创业教育活动的开展；高校创新创业教育不能很好地开展，会影响到创新创业人才的培养；人才的培养不能很好地适应社会的需要，又会影响社会经济的发展，从而形成了一个恶性循环，对高校开展创新创业教育造成极其不利的影响。因此，要充分认识创新教育与创新创业教育耦合的外在影响因素，不断发展、完善外部环境，社会和高校努力营造一种积极支持大学生创新与创新创业的浓厚氛围。

大学生作为创新教育与创新创业教育的受众群体，学生对创新教育与创新创业教育的认识模糊也成为影响二者耦合的外在因素。与普通的学习活动相比，创新创业教育从理念的建立、计划的设计，到开展创新创业活动都是一项全新的教育活动。在进行创新创业教育过程中，大学生要树立全新的创新创业观念与开展全新的实践活动。“创新创业”对于绝大多数学生来说都是一个新概念。很多时候，大学生是知其然而不知其所以然，从认知到实践都还比较模糊，将创新创业活动看作“实质性的经营活动”及“一般的社会实践活动”的学生不在少数。也有的学生认为从事创新创业活动无非就是“锻炼才干”“经营盈利”，所以愿意在大学阶段参加创新创业活动。在解决这些问题前，我们要清楚地看到，高校创新创业教育产生的直接效果是大学生自主创新创业的成功。大学毕业生直接进入自主创新创业行列，直接投入国家经济发展行列，如果是成功的高科技创新，就会直接推动国家的技术创新。当前，中国创新创业活动已经完成由原来的“生存型”创新创业向“机会型”创新创业的转变。“机会型”创新创业不仅可以推动科技创新及加速科技成果向现实生产力转化，还能以创新创业带动大学生就业，因为“机会型”创新创业的主力军主要来自大学生。此外，《国家中长期教育改革和发展规划纲要（2010—2020 年）》提出，要进一步创新高校办学体制、人才培养体制和教育管理体制，加大力度培养创新型、实用型、复合型人才，特别是在国家“双一流”建设的大背景下，高校创新型人才培养的目标更加明确，要求更加具体。所以，当前高校的一个重要任务就是要致力于创新教育与创新创业教育的耦合，推动创新创业教育取得新成效。政府作为外部力量，应该从推动经济社会发展的大局出发，出台相关政策，加大对大学生创新创业的扶持力度，营造有利于创新创业的社会环境。服务经济社会发展将成为高校创新创业教育的努力方向，这种导向不仅使高校创新创业教育有了具体的落脚点，明确了创业教育的发展方向和社会需求，通过科研解决地方产业发展中出现的实际问题，以提高企业的发展水平为目标还可以使高校依据地方产业发展需要，及时调整学科设置和专业设置，以及课堂体系和教学方式，为产业发展精准培养所需人才。

将创新创业教育相关理论运用到人才的培养方面还处在探索阶段，这与我国高校开展创新创业人才培养的时间较短有关。相关领域的研究也仅从部分应用型本科院校办学目标出发，绝大部分是在高校教学课程和教师能力培养等方面进行有关创新创业教育的调查、分析研究。侯永雄和林闻凯在《创业教育与地方本科院校转型的内在耦合性及实现路径》一文中，通过对中国大学和学院全方位改变发展模式的研究，提出“双创”将促进本科院校改变发展模式。①张维亚和严伟在《创业型大学：应用型本科院校发展模式选择之一种》中认为，“双创”类高校是应用型本科院校改变发展模式值得学习的一个典范，他们在文章中提出了改变发展模式的方案策略。②吕秋君等在《应用型本科院校学科专业与地方企业契合探析》一文中认为，培养“双创”类人才将促进和提升地方应用型高校与地方企业合作，

① 侯永雄，林闻凯. 创业教育与地方本科院校转型的内在耦合性及实现路径. 高教探索，2015（02）：40-44.
② 张维亚，严伟. 创业型大学：应用型本科院校发展模式选择之一种. 文教资料，2013（28）：86-88.

进而改变发展模式。[①]钟峻青在《应用型本科院校开展创业教育的问题与对策》中指出，如今中国应用型本科院校开展“双创”教育存在着功利化倾向、教学内容不健全、“双创”教育课程和专业课程并未真正契合、“双创”教师来源严重不足等问题，并提出了解决方案。[②]王峰在《新建本科院校学生就业竞争力提升对策研究》一文中，从行业需求与学生就业技能培养的视角，认为在应用型本科教育教学中纳入创新创业是必要的，并提出提升学生就业竞争力的有效对策。[③]李福英等在《应用型本科院校大类培养模式的思考与实践——以长沙学院为例》中认为，应用型本科院校采取大类培养模式，可以为对基础较好且在某一方面出类拔萃的学生开展“双创”教育带来好处。[④]朱柏青在《应用型本科院校大学生创业能力培养模式研究》一文中，基于当前应用型本科院校束缚“双创”教育的一些问题，认为需要变革课程系统才可以解决“双创”人才培养的时间限制，需要变革培养方案才能解决空间上的限制，对老师的选拔和资源配置，以及“双创”教育课程建设的详细方案都要达到“双创”人才培养师资和教材要求。[⑤]整合目前研究成果及实际状况，当今的高校想要实现创新教育与创新创业教育相结合，就必须转变传统教学思维和方式，调整相应的教育目标和教学方式，逐渐完成创新创业教育框架的建构，以满足创新创业教育的需要。因此，高校需要转变原有的培养思维，反思和校正传统的教育目的、教学方式等，并将工作重心放在创新创业教育框架建设上，将创新创业教育当成基础行动，让学生既可以学到知识，也能掌握相关技能，从而促进我国创新型人才的培养。

第四节　高校创新教育与创新创业教育耦合的实践路径

以高校现有的教育体系为基础，将创新教育有机融入创新创业教育，形成独特的耦合体系，是高校实施创新创业教育的有效模式。当前高校要实现创新教育与创新创业教育的耦合，必须用现代教育理念去分析和修正人才培养目标及培养途径等，并逐渐形成比较完善的人才培养体系，从而满足大学生创新及创新创业的需求。目前，创新教育与创新创业教育的耦合主要侧重于体系化的构建，

① 吕秋君，郭树东，路晓鸽. 应用型本科院校学科专业与地方企业契合探析. 黑龙江高教研究，2013，31（12）：63-65.

② 钟峻青. 应用型本科院校开展创业教育的问题与对策. 价值工程，2013，32（31）：255-256.

③ 王峰. 新建本科院校学生就业竞争力提升对策研究. 教育与职业，2013（18）：44-46.

④ 李福英，张世英，周文军. 应用型本科院校大类培养模式的思考与实践——以长沙学院为例. 黑龙江高教研究，2012，30（10）：130-132.

⑤ 朱柏青. 应用型本科院校大学生创业能力培养模式研究. 现代教育科学，2011（01）：163-165.

目标是培养创新型人才。我国现有的创新教育与创新创业教育耦合的成果主要表现在以下几个方面。

（1）创新创业课程初成体系。创新创业原理、实际操作和实务三方面课程建设已初步形成了体系，一部分高校在课程建设方面已取得明显成效。例如，清华大学为MBA开设了创新创业与企业家精神的关系、创新创业投资等8门课程，西南科技大学为本科学生开设了创新教育与实践、创造性思维和创新设计等选修课。

（2）教学方式渐趋完备。很多高校针对创新创业教育设计了各式各样的教学方式，如教师讲授、师生互动、案例讨论、角色模拟、组织大赛、基地见习等。

（3）教学项目渐趋成熟。一些高校创新创业教学项目渐趋成熟，并且创办了单独的创新创业教学项目，创立了有关的教学机构和创新创业者协会。例如，安徽工业大学开办了“创新能力试点班”。

（4）教材建设已经粗具规模。根据初步统计，截至2018年，创新创业类教材已达100余种，而创新类教材则达到200余种，内容几乎囊括了国内外相关研究成果。[①]以2003年为分界点，在此之前的教材主要以引进和翻译为主，此后国内也编写了不同版本的创新创业类教材。

系统连接的放大效应与系统组合结构有很大的关联性。一般来讲，系统结构组合的质量越好，系统连接的放大效应越明显，系统整体功能发挥得也就越充分。自发性与阶段性是创新教育与创新创业教育耦合的两大主要特点。自发性特点是在创新教育和创新创业教育之间以及创新教育和创新创业教育各自内部之间在发展的过程中相互作用实现和形成的，而阶段性特点是在经济社会发展进程中和高等教育体系发展创新中二者耦合体现出的不同强度。更进一步讲，这是创新教育和创新创业教育的有机结合，其中前者是关键，后者是重点，用前者的实践模式研究为方法，重点培养学生在能力、意识、思维方面的创新性，为之打牢创新创业的基础，使新的教育思想、教育观念、教育模式在学生综合素质上得到体现。为了使人才培养达到更好的效果，就要提高高校整体教育水平，使教育者和受教育者需求结构得到优化，调节彼此之间的需求，使两者能更好地互相支持、互相帮助，以此使创新教育和创新创业教育实现更好的耦合，达到相互融合、相互渗透、相互合作的目的。

图3-2所展示的满足高校、学生和社会三方需求的高校创新教育与创新创业教育耦合体系，一方面展现了三个主体之间关系，另一方面也展现了三个主体之间的相互作用。为了达到三者之间的高效共振，创新教育与创新创业教育必

① 曹扬. 转变经济发展方式背景下高校创新创业教育问题研究——以吉林省为例[D]. 长春：东北师范大学，2014.

须找到共同点，减少或避免两者因为策略、理念、导向、结果、功能的不同而产生冲突。

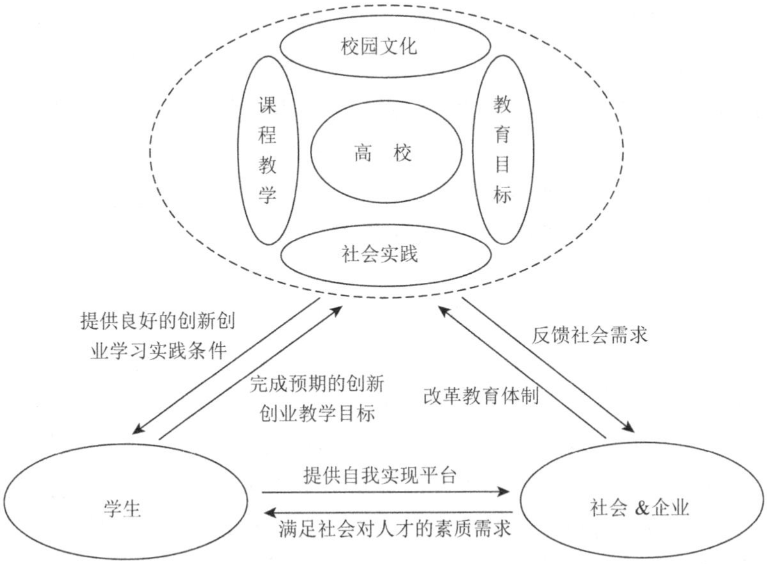

图 3-2　满足高校、学生和社会三方需求的高校创新教育与创新创业教育耦合体系

综合当前高校创新教育与创新创业教育的耦合实施情况，主要有以下三种模式。

（1）渐进型。基于现有人才培养模式，高校管理组织层要用先进的教育理念来循序渐进地推动创新创业教育的发展。一方面，在新时期对创新人才需求量增加的情况下，伴随着国家层面政策与制度的变革，越来越多的高校在开展符合自己人才培养方向的改革。例如，宁波大学和温州大学等地方高校在 20 世纪 90 年代已经开始了对创新创业教育与创新教育的探索，并且探索出适合自身特色的教育模式。另一方面，相当一部分高校在创新教育与创新创业教育方面投入的力度明显不足，呈现出比较滞缓的趋势，而且地方高校这种趋势更加明显。另外，越是历史悠久的学校，受传统教育教学观念影响就越严重，适应和改革的成本越大，这也是高校成立虚拟的或实体的创新创业机构所面临的主要阻力。很多高校起步较晚，最近几年才开始开展相关工作。针对此情况，有的高校开始进行改革。例如，2015 年浙江大学针对创新创业教育工作，从组织管理上创新体制机制，力求能够充分整合校内校外资源，以此来推动创新创业学院的建设。

（2）革新型。主要是指基于创新创业高校重建人才培养体系。有些高校在构建人才培养体系过程中把目标定位在创新创业型人才培养上，一方面密切结合当地的产业和经济转型升级的需求，在原有校内外教育教学资源的基础上，优化专业与学科设置，在教学内容选择与课程设置上，专业课和通识课并重、实践课与理论课并重，此外还注重学生综合素质与专业能力的提高。另一方面，吸取成功经验，构建以创新创业教学课程体系和实践与创新创业教育师资队伍为主的支持体系。比如，衢州学院是浙江新建的一所本科院校，该校坚持“学”和“干”平行的人才培养模式，“学”与“干”交替进行。这种模式是企业与学院经过多次方案论证，才实现的从人才需求到具体课程设置上的全方位的融合与对接。

（3）新创试点型。一些高校根据自身发展实际，以做到师资融合、培养融合、校企融合为目的，同时满足创新人才成长发展的要求而选择“精英”教育途径。例如，深圳国泰教育技术股份有限公司与宁波大红鹰学院牵手，共同开展高素质创新人才培养。中科招商投资管理集团股份有限公司先后与南阳师范学院、广西科技师范学院和百色学院牵手开展创新创业型人才培养。一部分高校在政府的帮助下，建立起了面向社会的地方性创新创业机构，用社会托管的方法来进行创新与创新创业经验的积累。这一方式不失为一种以低成本打造崭新人才培养模式的方法，它用“另起炉灶”的方法来推动本校的教育创新和改革。

一、创新创业教育主体层面的耦合分析

（一）高校-社会&企业-学生的创新教育、创新创业教育耦合机制

如图 3-3 所示，高校必须针对当前和长远的经济、政治和文化等发展目标，提出包括专业、类型、层次、规模等在内的创新型人才培养的具体要求。明确办学目标及人才培养定位，及时准确地向学生反映、传达社会的创新创业需求变化。完善人才市场供求信息发布制度，定期发布高校毕业生需求预测报告。不断提升管理水平，了解学生对创新创业教育的需求，不断满足学生自我身心健康发展的需要。

（二）学生-高校-社会&企业的创新教育、创新创业教育耦合机制

如图 3-4 所示，该耦合机制的核心部分主要是学生，他们也是最主要的受教育者。该耦合机制要求学生在完成学校教学目标的基础上，抓住机会，提高创新

创业素质。同时，该耦合机制还要求学生在校期间要积极参加社会的创新实践活动，深入了解社会，并充分认识自己，在实践学习中提升能力，做到有效地将自己所学的创新创业知识转化为社会财富。

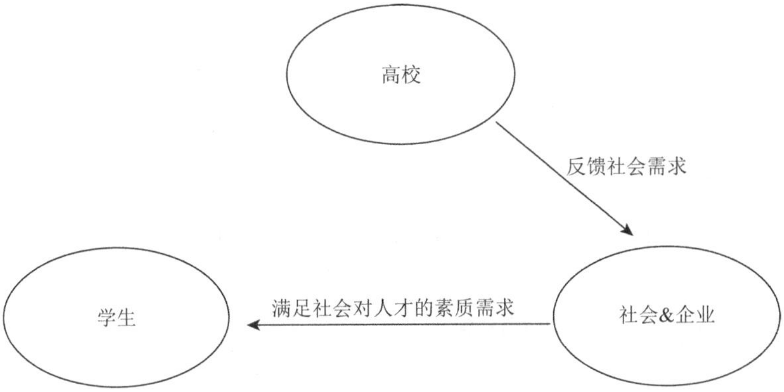

图 3-3　高校-社会&企业-学生的创新教育、创新创业教育耦合机制

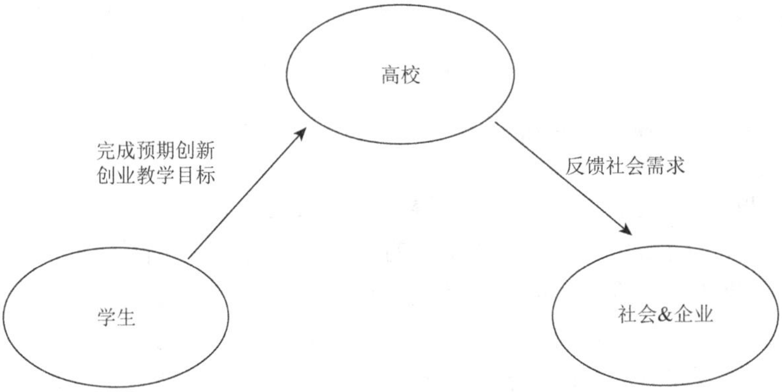

图 3-4　学生-高校-社会&企业的创新教育、创新创业教育耦合机制

（三）社会&企业-高校-学生的创新教育、创新创业教育耦合机制

如图 3-5 所示，实际上，该耦合体系有两个社会责任：一是及时向高校反馈各种创新创业型人才需求情况，便于高校及时调整创新教育和创新创业教育的计划，促进高校教育教学改革；二是高校为学生提供良好的学习条件，提高学生将理论知识与工作实践相结合的能力。

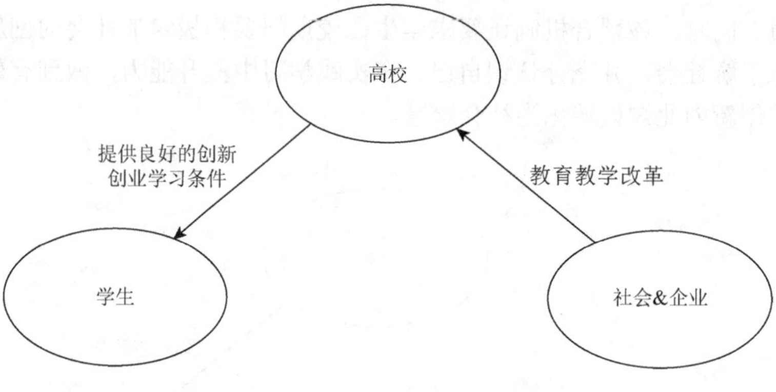

图 3-5　社会&企业-高校-学生的创新教育、创新创业教育耦合机制

二、创新创业教育体系中的耦合分析

（一）创新创业教育体系的发展状况

目前，我国的创新创业教育已在较大范围内开展起来，但是理论与实践结合得不够紧密的状况较为严重地影响着创新创业教育的实际效果。

1. 教学过程中理论教学的现状

创新创业理论教学在学生中开展得还不够深入。就目前发展状况而言，理论教学不够深入是因为高校出于一些现实的原因对创新创业教育还不够重视。首先，主攻创新创业教育的研究者很少。其次，高校内部很多现实性因素成了学者们难以继续相关研究的最主要的原因。再次，与国外对于创新创业领域的研究相比，我国的研究较为滞后，且研究的深度不够，进而导致可资借鉴的研究资源较少。最后，在课堂教学上，目前国内还没有较为成型的相关学科体制机制，一些高校只是出于完成教学任务而组织开展相关的教学活动，教学培养目的不明确，进而出现一种“并不懂如何创新创业的老师来教授没有创新创业想法的学生”的现象，开设相关课程仅仅是学生获取学分的途径。大部分高校还没有将创新创业教育放到重要的位置上，仅仅是以选修课等形式呈现，导致其学科地位认可度不高。此外，大多数高校对于创新创业教育课程的设置也存在很多问题。比如，课程内容创新性不足，课程涉及面较窄，单一地采用企业家讲话或者讲故事的方法来进行课堂教学，这并不能从真正意义上起到体验式教学的作用，不足以形成独特的教学体制机制。

2. 课外实践教学活动发展状况

现阶段，国内创新创业教育的形式还不够丰富。相关的实践活动主要包括创新创业计划大赛、举办相关讲座等，只有少量的学生最终会进入高校设立的创业孵化园区，将创业计划转变为创业实践活动，而绝大部分学生不能创办企业，无法将创业计划落地。创新创业教育实质上只面向少部分学生，这与本应该面向大部分学生开展教育活动的教育目标相违背。主要原因在于，当前创新创业教育的方法与途径较为单一、内容不够创新，进而使大部分学生只能将创新创业教育所学停留在理论层面，并不能真正将所学转变为实践。从现阶段创新创业教育实践的效果来看，仅有的实践方式难以实现现实效益。例如，大多数学生参加创新创业竞赛，只是为了获得奖项，并没有真正将计划落地。此外，由于没有相关专业人员的指导，只有极少部分学生能够成功进行创新创业。高校创新创业园区有着很强的实践性，但是由于受园区资金限制，大部分学生并不能够享受到相关政策的优待。加之学生的流动性较强，在学生毕业后，原有的企业孵化基础难以继续发展，自然就难以产出一定的创业成果。

3. 理论和实践未紧密联系

创新创业教育理论与实践的结合不够紧密。从目前高校的创新创业教育现状来看，理论教育远远大于实践教育的比重。但是，在创新创业教育中，实践教育具有极为重要的意义。当前，在各大高校的创新创业教育中，课程的设置有着重理论、轻实践的共性问题，创新创业教育的理论和实践并不能较好地结合，因此无法达到较好的创新实践效果，学生也难以将所学的知识与现实生活中的实际情况相结合。正如部分学者所指出的，目前大学生较少实现成功创业，主要原因是缺乏实践操作。另外，在创新创业过程中，部分学生由于没有得到专业教师的细致指导，进而导致创新创业思维与意识的发展不完善。

（二）从教育体系层面划分耦合机制

1. 教育目标层面：注重融合，形成一体化

要创新创业首先要学会创新。在创新创业教育实施过程中，高校的教学目标应该是着力于培养学生的创新创业能力，在教学目标中融合创新创业理念并使其在学校课堂教学、教育管理中得以体现，从而进行多样化的创新创业教育。研究型大学人才培养应重在培养学生的创新创业能力，如培养学生的创新意识、创新创业技能等，在创新教育的培养体系中加入创新创业思想。

一体化的创新创业教育机制的建立要从教育机制和工作机制两方面入手。在教育机制方面，要在将创新创业教育纳入全过程教育、全方位教育的基础上，形成第一课堂与第二课堂、理论教育与实践体悟、显性课程与隐性课程、校园教育与社会教育、自我教育与榜样教育等的紧密结合；在工作机制上，要建立健全调研、检查、考核、监督、评估、反馈体系。在此我们需要更新一个理念：教育不等于培训，不能将创新创业教育与创新创业培训混为一谈。创新创业教育若想取得实效，就必须树立正确的创新创业教育理念，在不断更新理念的过程中去除功利性，明确教育不等于培训，明确其重点在于教育而非培训。

在解决学生就业问题时，很多学校简单地将创新创业教育视作或等同于培训而未将其融入高校主流教育体系。在创新创业教育已经成为全新的人才培养理念的情况下，这种忽视创新创业教育理念却将目光停留在创造利润的浅层做法必须尽早摒弃。在人才培养模式和教学体系中，创新创业教育应当被视为素质教育的深化和发展。创新创业教育理论能够促进创新创业教育、专业教育和人文氛围培养的融合，全面推进学生创新意识的培养和创新素养的提高。

2. 课程教学层面：注重渗透，形成层次化

课堂教学是创新创业教育的主要渠道。在课堂教学中，创新创业教育要融入专业理论课教学计划并且不断更新以适应新情况。例如，在原来的专业理论课时中划出部分课时举办创新创业知识技能专题讲授活动；开设公共选修课来适应不同层次、不同专业学生的需求；具备条件的高校还可以设置一些必修课，提供或组织编写一些精品教材来让学生系统地学习相关的理论知识。在教学内容中要注重针对性、现实性、可学性及时代性，以便使学生能够更好地与时代接轨。在教学方式上，要积极探索第二课堂，不断创新教学方式，将学科专业教学、创新创业教育理论教学与实践活动有机结合，形成专业教育、创新创业教育及实践活动的一体化。高校应该提高对创新创业教育的认识程度，将创新创业教育纳入教育体系中去，把创新创业教育与专业教育充分结合起来。创新创业教育与一次竞赛、一次活动、一次讲座、一节课不同，要建立完整的教育方案和课程体系，就必须与专业结合，贯穿专业教育全过程才能发挥其效用。在处理创新创业教育与专业教育关系时，要做到让二者相辅相成、共同发展。创新创业指导教师要引领学生运用创新思维学习、内化专业知识；要引领学生运用专业知识来理性分析创新创业实践行为并检验其合理性。大学生具有专业的知识背景和技能，这是明显区别于其他创业者的一大优势，在大学生创业过程中，只有充分发挥这一优势，才能够取得更为显著的效果。

3. 创新创业实践层面：注重熏陶，形成长效化

在社会实践方面，要使学生长期感受到创业氛围，整个社会必须形成创新的风气，进而推动创新创业教育长效发展。要实现教育活动的多样性发展，就要充分发挥实践活动的载体作用，依照耦合要求开展相关教育教学工作，从根本上树立学生的创新创业意识。高校可以开展具有针对性的教学活动，以讲座、辅导和训练的方式，达到提升学生创新能力的目的。学生个体之间的创新思维差异较大，要创造条件和机会锻炼他们的创新创业能力。高校通过制订更为具体、更具针对性的教育方案，创造更多有利于提升学生相关能力的机会，努力使学生积极主动地参与创新创业实践，全面提升个人综合能力。要促使大学生开拓新思维，树立新理念，将所学理论知识充分与实践相结合。通过组织课外活动、观摩学习活动以及社会实践活动等，积极推动创新创业教育的发展。

新形势下，高校开展创新创业教育必须注重教育活动的层次性，针对不同的学生采取有针对性的教育活动，以此解决大学生创业者个体之间存在的差异性问题。如针对面上的全体学生，可以通过举办相关的讲座、针对性训练和辅导，积极开展案例分析、素质拓展以及基地参观学习等教学活动来进行教授。针对思维活跃、创新意识强的学生，应该依据其发展特点制订合适的教学方案，鼓励其积极参与创新创业活动，特别是各类创新创业比赛，以提升自身能力。要充分结合高校强大的资源，借助各级组织以及院校、各个学生团体的力量，发动校友资源，积极探索出能够将理论与实践相结合的路径，让学生在企业中实践，在实践中提升自我。在创新创业教育实践过程中，还应充分发挥教务处的重要作用，注重引导教师将创业意识贯穿于整个教学实践活动。作为教务工作重要的负责部门，教务处应该努力筛选出符合条件的研究成果，及时开展技术成果转化工作，必要时引入创新科技园中进行孵化。此外，高校还应该大力鼓励教师个人或团队进行创新创业方面的理论性研究并参与相关的实践活动，以切实提高高校在创新创业教育方面的综合实力。在开展第二课堂活动时，应该积极调动学生的积极性，充分发挥学生的主体作用。只有激发了学生的兴趣，才能更好地开展相关教学工作。相关研究表明，学生最愿意参与有社会实践与训练的教学活动。[①]在今后的教学工作中，应该朝着适合学生发展的教学路径开展相关工作，切实提高学生的综合能力。高校在邀请企业家到高校交流经验时，企业家应充分与学生交流互动；高校还应激励学生个人或团体积极参与各类创新创业竞赛活动，并组建团队深入研究感兴趣的问题。

① 戴英姿. 高职电信服务与管理专业学生市场营销课程学习诉求的研究[J]. 现代营销（经营版），2019（4）：243.

高校要在学生创新创业过程中予以一定的指导和帮助，在项目成熟时积极支持将其引入孵化园。学生在参与社会实践活动中遇到困难时，高校应该及时给出相应的解决方案。高校在实施理论与实践教学过程中，要积极引导学生多思考、多观察，让学生在多种形式的创新创业教学活动中不断提升自我，并积极主动地投入创新创业实践中。

4. 校园文化层面：注重引领，形成统一性

在团体以及各项文化活动的影响下，大学生会不断地将文化影响内化为品格塑造，随着自我社会化的发展，从而形成自身独有的文化意识与品格。高校应该在校园文化建设中积极融入耦合后的创新创业教育文化，通过形式多样的教学活动营造出良好的校园创新创业氛围，依据不同的学生的特点，有针对性地组织开展创新创业教育教学活动。积极运用高校各种形式的媒体资源，如校广播电视台、校刊杂志、校报、宣传橱窗、黑板报等，充分发挥这些资源的优势，推动创新创业文化在高校的传播。积极推动创新创业咨询与培训服务工作，对于有创业意愿的学生应重点关注与培育，增强学生的参与度。在高校中，创新创业教育耦合发展应该将重点放在培育方式上，营造良好的文化氛围，不断创新教学方式，完善教学内容，积极组织学生开展教学实践活动，在结合学生个人发展特点的前提下，推动创新创业教学活动的开展，实现创新创业机制的耦合，从而提升学生创新创业的综合能力。

5. 支持保障：孵化器和师资队伍建设

做好创新创业教育，高校必须积极开展创新创业实践教学，重视孵化器的作用，积极行动，将好的项目转入孵化园。另外，雄厚的师资队伍有利于创新创业教育工作的开展，有助于切实帮助学生创新创业理论知识的学习与更好地参与实践。二者缺一不可，都是创新创业教育工作中不可忽视的力量。

高校要让更多的学生参与到创新创业实践中，就必须注重孵化器的建设，充分发挥优势学科的作用，加大资金投入力度，吸引社会资本投入，为学生提供更多的帮助和支持。同时，还应该向更多学生推广孵化器，使孵化器被更多的学生了解和认识。此外，还要积极组织开展相关的教学实践，吸引更多的高校学生，推动孵化器自身建设，有效提升孵化器的影响力。

高校师资团队是创新创业教育工作的主力军，必须不断推进教师队伍的建设与发展。只有将理性认识与激情昂扬的精神相结合，才能更好地推动高校创新创业教育师资团队的建设。只有不断推动教师队伍建设，才能够有效提升高校创新创业教育水平。只有创业导师自身充满激情昂扬的精神，才能真正地影响学生，达到言传身教的最佳效果，从而高效推动创新创业教育工作的开展。

作为创新创业的指导老师，必须要充分发挥自身的理论优势，同时还要重视社会实践的作用，只有将两者相互结合，才能够更好地使学生认识并学习创新创业相关知识，运用所学知识理性看待并解决创业过程中遇到的困惑与难题。正如谢志远等所说的，创新创业教育重在培育大学生具备创新创业的意识与想法，而不是要求他们立刻创办企业。[①]创新创业教育必须贯穿教育的全过程，重视理论知识与实践的结合，在教育过程中，要注重把理论教育与实践教育二者进行耦合，注重创新创业教育工作的时代化特性，不断更新理念、创新发展，推动建设创新教育与创新创业教育的耦合机制，密切结合社会生活与大学生当下的具体情况，着眼于时效性发展，只有这样才能真正达到创新创业教育的目的，也才能切实推动创新创业教育的科学化发展。

在多元化时代发展背景下，高校在开展创新创业教育工作过程中，应该结合时代因素，全面分析问题，从而发现问题、解决问题。高校应该对教师采取相应的激励措施，充分调动教师的积极性，从而实现预期目标。

（三）创新创业教育运行机制

为了响应国家关于开展创新创业教育的战略部署，各高校都积极开展了创新创业教育工作。但是目前仍存在以下三个方面的问题：一是顶层制度建设不足，没有着眼于具体实际操作与社会实践；二是实践环节薄弱，有关社会实践的课程较少；三是开展创新创业教育的范围受到局限，校内外联系不够密切。高校应该从创新创业教育工作运行机制出发，切实改良管理机制。依据创新创业教育在各高校的发展现状，笔者提出了以下四种改进方式。

1. 加大扶持，完善管理

在我国，开展创新创业教育工作必须坚持统一领导与管理。国家的政策扶持是关键，国家应该出台相应的政策，从经费、信贷、市场准入、税收等多个方面出发，形成可落地、实效性强的政策与法规，切实保证创新创业教育工作的科学性与可行性。作为高校，可以在课程设置上下功夫，努力探索学分制管理办法的创新，制定实践课程替换学分的制度，促使学生积极创业。从管理制度入手，抓好教学工作的每一环节，注重教学评价工作、严格考评教师工作、推动激励制度建设，争取建设与当下创新创业教育相匹配的管理政策与制度，全面推动创新创业教育工作，从人、事、财、物等多个角度出发，不断优化制度建设。

① 谢志远，戴威，徐倩倩. 应用新技术背景下高校创新创业教育生态系统构建——以浙江省为例[J]. 科技管理研究，2018，38（22）：92-99.

2. 注重实践，强化服务

与其他教育不同，创新创业教育应该从实践入手，特别注重实践的作用，对实践重视不足是当前高校创新创业教育工作的短板。政府应该为高校学生创业实践提供基地，加强配套的各项服务体系建设，如政府可以提供专业的业务咨询、事务办理和市场开发等服务。政府还应该重视社会中介机构的作用，督促指导中介机构为高校创新创业教育工作的开展提供实质性的帮助与支持。政府还应鼓励民间创办相关的教育机构，从各个方面为创新创业做好保障工作。另外，高校要加强对创新创业大学生的培训工作，通过选聘创业成功的社会各界人士来校以举行分享会与交流会的形式，给高校学生进行相关培训。高校还应该充分发挥第三方机构的作用，加强对创新创业教育工作的评估与监督，不断促进相关工作的推进。

3. 校企联动，注重合作

当前创新创业教育工作仍停留在高校自身发展阶段，因而，应该充分发挥企业在创新创业教育工作中的重要作用，加强高校与企业的联系。创新创业教育中高校要重视企业的重要作用，不仅仅需要企业在资源方面给予投入，还应对企业的宣传工作进行支持。作为企业应该结合学生的创新创业目标，积极与高校合作，通过参与创新创业人才培养方案的制订，不断给学生提供项目支持以及实践指导，从多角度共同推动创新创业教育工作的顺利开展。高校可以与企业进行更深层次的合作，通过探索不同的创新创业人才培养模式，与企业共同培养出理论知识扎实、实践经验丰富的创新型人才，促进高校与企业的共同发展。

4. 高校“1+1”联合互动

当前多数高校推行创新创业教育往往仅局限于本校，而有些学校自身创新创业教育能力十分薄弱，那么在这种情况下就可以采取高校“1+1”联合互动的方式，学习借鉴其他高校创新创业教育成功案例。

高校可以通过联合培养的方式来更好地培育学生的创新创业能力，提高学生创业的积极性，提升其综合能力，以更好地培养创新创业型人才。学生通过相互学习交流，达到知识的互通，进而减少在创新创业过程中的失误。

笔者通过对创新创业教育进行深层次的分析，同时，对“创新教育”与“创新创业教育”这两个不同的概念进行辩证的阐释，进一步分析两者耦合的内在动因与外在影响条件，并集中剖析创新创业教育主体与体系建设的问题，着重分析这两者耦合的具体实践方法，以便为高校开展创新创业教育提供重要的理论基础。

第四章
新时代高校创新创业教育的影响因素分析

第一节　高校创新创业教育体系的利益相关者分析

新时代高校创新创业教育的开展受到多种因素的影响，创新创业教育体系涉及多方面的利益相关者，各利益相关者的态度会对高校创新创业教育的实施产生影响。

一、利益相关者的基本内涵

利益相关者概念首次提出是 1963 年在美国斯坦福大学，在此之后学者对其进行了不断的扩展和丰富。站在不同的角度，学者对其定义的理解也不尽相同。B. Freeman 认为“利益相关者是能够影响一个组织目标的实现或者是能够被组织目标实现过程影响的人”，[①]这是他在 1984 年对利益相关者的定义，是目前最具代表性的对于广义上的利益相关者的定义。A. Stark 提出利益相关者是那些向企业中投入“赌注”，并且受到企业活动或明显或潜在的影响，同时也对企业活动产生或明显或潜在的影响的个体或群体。[②]M. Clarkson 认为利益相关者是这样一些人，他们在企业中投入了资本，如物质资本、人力资本或其他一些有价值的东西，因此承担了某些形式的风险，或者说，他们因企业的日常活动而承担了某

① Freeman B. Substance sells: aligning corporate reputation and corporate responsibility. Public Relations Quarterly，2006，51（1），P12.

② Stark A. What's the matter with business ethics？. Harvard Business Review，1993，71（3）：38-48.

些形式的风险。①另外，在 1992 年，Hill 和 Jones 也对利益相关者作出了定义，他们认为利益相关者是一些团体：他们对企业有合法的要求权，这种要求权是通过一种交换关系而建立起来的，即他们向企业提供关键性资源，以换取个人利益。②由此可以看出，对于利益相关者的定义学界并没有达成共识，每个人都有自己的理解，但是我们不难看出学者们对利益相关者的定义在不断地精准化，有逐渐变窄的趋势。

狭义的利益相关者在传统意义上指的是与企业紧密相联，从而构成企业的核心，与企业利益一致的群体；而广义上的利益相关者则是基于实际影响关系，若企业实际上与某些群体产生关联，那么这些群体就构成了企业的利益相关者。对于企业管理者来说，把不同的利益相关者不加区分地混合对待，会对管理人员的识别能力和有效应对不同要求的反应能力提出挑战。现实中，有的利益相关群体可能不具备对企业的合法性要求，但他们对企业的影响却是众所周知的。还有一些群体，他们可能会在很大程度上影响企业或是被企业影响。所以，我们必须要对企业的外部环境有一个充分的认识，只有这样才能对利益相关者的合法性要求进行有效区分，这也是企业树立社会服务意识的一个重要前提。从词汇学的角度来分析，不难看出，“相关者”和“利益”共同组成了“利益相关者”这个总体概念。对具有“利益”的群体而言，我们可以根据道义上的、潜在的和法律上的对企业的要求以及对企业行为、方向、过程和结果的影响来进行区分。基于此，我们可以得出两个判断“利益”群体的标准——该群体是否具有利益要求以及是否具备影响企业的能力。合法性和权力性是判断不同利益群体是否为企业利益相关者的两大标准。但是这两个判断标准又经常被人们混淆。例如，某些群体具备影响企业的能力，但它可能并不具有实质性的要求，或者仅仅是想要表达愿望；而具有合法性要求的群体，却并不一定具备影响企业的权力。从“相关者”的角度来分析，一个很重要的标准就是具有“利益”的群体是否与企业之间存在着实际意义上的相互关系。A. Stark 和 M. Clarkson 对于企业利益相关者的问题持不同的观点。M. Clarkson 的观点是在企业处理一些潜在的、也许会给企业带来风险的问题时，一些天然的利益相关者有可能不愿意去承担风险。A. Stark 则认为因为利益相关者能够或是正在向企业投入一定的“赌注”，所以这些利益相关者和企业活动会发生相互的、或潜在或明显的影响。我们对于利益相关者的定义不仅要考虑与企业发生明确联系的群体，而且还要注意一些与企业存在潜在关系的群体，只有这样才能够更好地帮助我们处理组织外部问题和提高组织的有效性。中国学者李

① Clarkson M. A risk based model of stakeholder theory. Toronto：The Center for Corporate Social Performance and Ethics，1994.

② Hill C W L，Jones T M. Stakeholder-agency theory. Journal of Management Studies，1992（2）：131-154.

维安和王世权在《利益相关者治理理论研究脉络及其进展探析》一文中，把利益相关者分为狭义的利益相关者和广义的利益相关者。[①]一般而言，狭义的利益相关者主要是指站在企业的角度，在企业活动中占有重要位置的个人或群体；广义的利益相关者则是站在利益相关者与企业双边视角，囊括了有利于实现企业价值的利益相关者和不利于实现企业价值的利益相关者。当我们离开企业，站在高校的立场上进行界定时，利益相关者则是与高校的价值实现相联系的个人或群体，他们的活动能够影响高校目标的实现，或者是受到高校目标实现过程影响的个人或群体。

二、高校创新创业教育体系利益相关者的界定及分类

（一）高校创新创业教育体系利益相关者的界定

对于高校创新创业教育而言，利益相关者是极其重要的。所以，关于如何来界定高校利益相关者就需要我们进行深入的研究和探讨。在构建新时代高校创新创业教育体系的过程中，我们可以借鉴企业利益相关者理论，并结合新时代高校创新创业教育的特点、目标等，深入分析高校创新创业教育利益相关者。按照 B. Freeman 的观点，与高校之间存在着或直接或间接联系的群体和个人都是高校的利益相关者。[②]高校就是一个典型的利益相关者组织，其组织目标具有多元性，同时又具有明显的社会责任，其创新创业教育涉及的内容广泛，所以利益相关者界定范围难以准确表述。根据利益相关者的定义以及高校创新创业教育的特性，我们认为，所谓高校创新创业教育的利益相关者，是向高校投入了一定的教育资源，并被专门用来开展高校创新创业教育活动的个人或群体。这些资源的投入能够影响高校创新创业教育目标的实现，同时目标的实现过程又反过来影响这些群体或个人。通过研究我们可以发现，很多群体和个人都向高校投入了一定的专用性资源用来开展创新创业教育工作，所以他们都应当是高校创新创业教育的利益相关者，如行政人员、学生、教师、社会公众、校友、用人单位、银行、社区等。但是，一些中介组织和现代的公众媒体，他们虽然没有向高校投入专用性资源，却在一定程度上影响和促进了高校创新创业教育的发展。那么我们如何判断利益相关者呢？是根据利益相关者的定义，还是要建立一个具有较强包容性和外延性的判断标准呢？显然，建立一个具有较强包容性和外延性的判断标准在实际应用中操作性和可行性更强。创新创业教育

① 李维安，王世权. 利益相关者治理理论研究脉络及其进展探析. 外国经济与管理，2007（4）：10-17.

② Freeman B. Substance sells：aligning corporate reputation and corporate responsibility，Public Relations Quarterly，2006，51（1）：12.

体系的建设、实施和完善涉及的方面比较多，根据对创新创业教育体系相关问卷调查及其结果分析，我们把创新创业教育体系建设、实施和完善过程涉及的利益相关者，按照他们与该体系或直接或间接的关系分为主体和客体两个方面。主体包括：学校、学院（系）、科研机构、大学生、教师等。客体包括：校党群机构、行政组织机构、教辅机构、政府、社会组织、校党群人员、行政组织人员等。其中团体又可以细分为内部团体和外部团体两部分：内部团体有学校、学院（系）、科研机构、校党群机构、行政组织机构、教辅机构；外部团体有政府和社会组织。创新创业教育体系利益相关者结构，如图 4-1 所示。

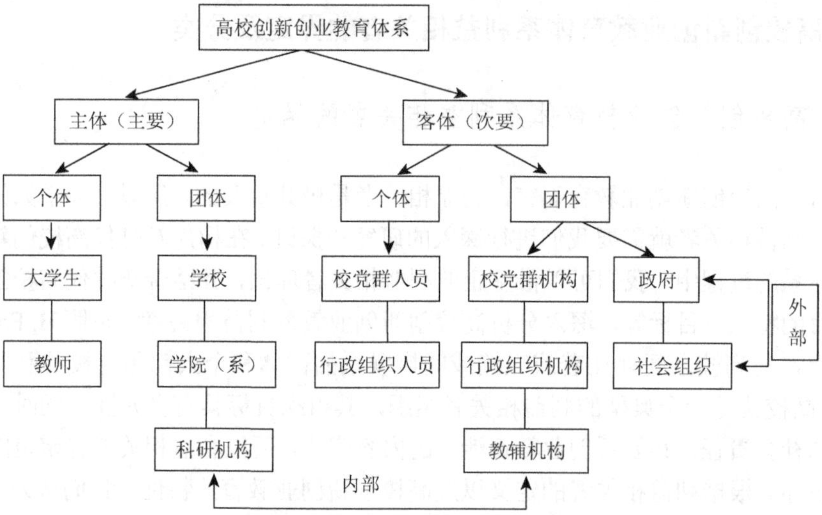

图 4-1　创新创业教育体系利益相关者结构图

（二）高校创新创业教育体系利益相关者的分类

1. 企业中利益相关者的分类

对群体或个人的利益是否具有相似属性以及他们与组织的紧密程度的差异的研究，就是利益相关者的分类研究。学者们对于企业利益相关者的分类标准与他们对利益相关者所下的定义紧密相连。大部分学者都是根据实际情况从自身对利益相关者定义的理解和判断出发，得出不同的分类标准，从而对不同的利益相关者进行有效的区分，划定他们的类别界限。B. Freeman 是众多学者中最早对企业利益相关者进行分类的代表人物之一，后来有些学者在其基础上对利益相关者的分类标准进行了不断的完善，B. Freeman 的理论为后人对利益相关者的分类研究奠定了理论基础。

纵观所有有关利益相关者的分类研究，我们可以看出，影响最大的莫过于R.K.Mitchell等，他们在考察了至少27种利益相关者的定义之后，认为利益相关者必须具备以下三个条件：第一，权力性（power），即某一群体或个人拥有影响企业决策的地位、能力和相应的手段；第二，合法性（legitimacy），即某一群体或个人拥有法律和道德所赋予的对企业的索取权；第三，紧迫性（urgency），即某一群体或个人的要求能立即引起企业对利益相关者的再认识。①于是基于这三个特征的不同组合就产生了对利益相关者三种不同类型的判断：一是确定型利益相关者，这一群体要求同时具有合法性、权力性和紧迫性，典型代表是股东、员工和顾客；二是预期型利益相关者，这一群体要求具有三项条件中的两项；三是潜在的利益相关者，即只具有三项属性中的一项的群体。

2. 高校创新创业教育体系利益相关者分类标准的建立

（1）利益相关者分类标准的选择。在高等教育研究中，有关高校利益相关者的各种理论受到了广泛关注，但是，对高校利益相关者的分类研究则明显滞后。到底应该怎样有效划分不同的利益相关者呢？结合不同学科理论和知识，我们比较认同 “一维分析法”和“多维分析法”两种分类方法。

所谓“一维分析法”，是一种根据两个主体间联系的密切程度来对利益相关者的差异属性进行分类的方法。在创新创业教育领域，可以根据利益相关者与高校创新创业教育关系的密切程度来划分不同属性的利益相关者。哈佛大学亨利·罗索夫斯基在《美国校园文化：学生·教授·管理》一书中，将大学的利益相关者分为最重要群体、重要群体、部分拥有者和次要群体这四个部分。②我国学者李福华则把大学的利益相关者分为核心利益相关者、重要利益相关者、间接利益相关者和边缘利益相关者。③

“多维分析法”指的是以很多不同的维度来对利益相关者进行分类的方法。R. K. Mitchell等是最早创立和使用这种方法的学者，他们把企业的利益相关者按照紧迫性、合法性和权力性三个方面进行划分。①在他们之后，学者们对于“多维分析法”的应用越来越广泛。我国学者胡赤弟在《高等教育中的利益相关者分析》一文中，把高校的利益相关者分为三个等级，分别是第三层的利益相关者、潜在的利益相关者和权威的利益相关者。④胡子祥把高校的利益相关者分为预期性利益相关者、潜在的利

① Mitchell R K，Agle B R，Wood D J. Toward a theory of stakeholder identification and salience：Defining the principle of who and what really counts. Academy of Management Review，1997，22（4）：853-866.

② 亨利. 罗索夫斯基. 美国校园文化：学生·教授·管理. 谢宗仙，周灵芝，马宝兰译. 济南：山东人民出版社，1996.

③ 李福华. 利益相关者理论与大学管理体制创新. 教育研究，2007（7）：36-39.

④ 胡赤弟. 高等教育中的利益相关者分析. 教育研究，2005（3）：38-46.

益相关者和确定性利益相关者。[①]根据组织理论中"合法性"的本质含义，我们可以得出那些在高校创新创业教育中投入了专用性资本的群体和个人理应归属于高校创新创业教育体系的利益相关者的结论。但是，仅仅用专用性资本的投入来否定一些对于高校创新创业教育投入非专用性资本的群体和个人的影响，是片面的。对于高校创新创业教育体系的影响有单向和双向两种，既可以是这些群体和个人决定高校创新创业教育的发展，也可以是高校创新创业教育反过来影响这些群体和个人，或是二者皆有之。于是，我们需要关注高校创新创业教育利益相关者的权力性维度。虽然我们从历年各学者的研究中注意到合法性和权力性两个维度，但这两个维度并不能有效地帮助我们对高校创新创业教育体系的利益相关者进行分类。当把研究对象从高校转移到企业，探究用权力性和合法性对企业利益相关者的界定是否合理时，我们可以发现一些学者关于合法性和权力性的论述在一些其他理论中也曾出现，如代理理论、行为理论、制度理论、组织生态理论、资源依赖理论和交易成本理论等。

代理理论的核心内容主要是指委托人为了实现自身的利益，会不断地对代理人的行为进行控制，它维护的是委托人的利益而不是代理人的利益。通过对代理人和委托人的利益关系研究，我们可以发现，监督机制可能会在不同程度上约束代理人的权力。资源依赖理论认为，权力是在群体或个人资本差异的基础上产生的，一般来说，具有控制组织资源能力的群体才能具有权力。交易成本理论指的是一种权力属性，这种权力属性是那些具有谈判优势的经济主体所具有的可以影响企业治理结构的能力。关于权力属性的研究可以为我们进一步探究企业及其利益相关者之间的关系提供助力，同时又使我们认识到关于利益相关者的研究不能只从一个维度展开，那样是片面的。以上三种理论都对权力性维度进行了详细的论述。另外，W. R. Scott 强调组织理论是一个开放的系统，制度理论和组织生态理论可以更好地帮助我们理解环境对于组织的关键作用。[②]J. W. Meyer 和 B. Rowan 开创了组织社会学领域的新制度主义学派，该学派强调合法性机制在组织内部结构及制度环境互动中的重要作用。[③]在制度理论视域下，P. J. DiMaggio 和 W. W. Powell 强调非合法性会导致组织趋于制度同构（isomorphic）而接受外在的规范。组织生态理论强调缺乏合法性会导致组织消亡（mortality）。合法性可以帮助我们更好地识别利益相关者存在的依据及其自身的优势和特点。[④]

① 胡子祥. 高校利益相关者治理模式初探. 西南交通大学学报（社会科学版），2007（1）：15-19.

② Scott W R. Organizations：Rational，Natural and Open Systems，1987.

③ Meyer J W，Rowan B. Institutionalized organizations：Formal structure as myth and ceremony. American Journal of Sociology，1977，83（2）：340-363.

④ DiMaggio P J，Powell W W. The iron cage revisited：Institutional isomorphism and collective rationality in organizational fields. American Sociological Review，1983，48（2）：147-160.

紧迫性是在没有满足组织需求（aspiration）的情况下产生的，这是行为理论的观点。很多理论都把组织需求的紧迫性看作组织的外在压力，如组织生态理论、制度理论和资源依赖理论。预防损失、追逐目标、选择压力，利益相关者与企业管理者之间的稳定联系是持续关注紧迫性要求的标准。紧迫性相当于同时也为我们提供了识别利益相关者的一个标准，这也意味着利益相关者的紧迫性要求需要我们格外关注。

（2）利益相关者分类标准的依据。其一，权力性维度的依据。对于权力，学者们并没有得出一个一致的定义，不同的学者对“权力”的定义各有不同。M. Weber 认为权力是在各种社会交往中，一个行动者把自己的意志强加于其他行为者之上的可能性。①R. A. Dahl 认为权力是这样一种关系，即“行为者A试图使行为者B按A的意图去做B所不愿意做的事情，如果A的目的或意图得逞，那么A就对B拥有权力，尤其是表现在B与A有分歧的问题上，A对B拥有权力”②。J. Pfeffer 从资源依赖视角把权力定义为控制别人所依赖的资源的能力。虽然大家对权力的概念理解并不一样，但是他们的共同之处是，都认为权力是个体A对个体B的影响能力。虽然这个共同之处只有短短的一句话，但它却精准地体现了权力的本质。至今学界都没有对权力的来源达成共识，不同的学派所持有的观点也不相同。③J. R. French 等通过深入的了解和探究，把权力的来源分为五类，分别是奖赏性权力、强制性权力、法定性权力、专家性权力和参照性权力。奖赏性权力的产生主要是由于领导掌握了资源的支配权，这种资源可能包括加薪、奖金、晋升或是轻松的工作岗位。强制性权力则是利用人的惧怕，通过利用自身的职位和优势以惩罚和威胁等手段强迫他人按照自己的意愿行动的一种权力。法定性权力是一种正式的职权，该职权对组织的资源拥有控制权和使用权，是在组织的规定范围内行使的一种权力，法定性权力比奖赏性权力和强制性权力的范围更加广泛，权力的大小往往一般取决于个人在组织结构中的职位大小。专家性权力也被称为智慧的权威，主要依赖于人们的专业知识水平，这种权力产生的前提是组织结构中的领导人对该专家专业水平的认可。参照性权力是对领导人自身能力的一种衡量，主要是该领导人才能和魅力，以及人际关系处理技巧等的集中体现。④A. Etzioni 等认为，资源的逻辑衍生是权力产生的基本条件，并且他依据权力产生的来源把权力划分为三类：基于自然资源力量、暴力和控制力的强迫性权力以及基于物质或经济资源的功利型权

① Weber M. The Theory of Social and Economic Organization. New York：Oxford University Press，1947.

② Dahl R A. Who Governs?：Democracy and Power in an American City（2ed）.New Haven：Yale University Press，2005.

③ Pfeffer J. Power in Organizations. Marshfield：Pitman Publishing，1981.

④ French J R，Raven B，Cartwright D. The bases of social power. Classics of organization theory，1959（7）：311-320.

力和基于象征性资源的规范型权力。①我们通过探究权力的基础以及它对资源的依赖度，可以准确地判断该权力是否具有有效性和权威性，如果主体 A 拥有的权力不断增大，那么也就意味着主体 B 对主体 A 的依赖程度也在不断加大。从经济学的角度来探析权力维度，如果一个主体对其他主体而言，手中所拥有的某种特有资源的依赖程度越高，该主体对其他主体的影响程度也就越高，权力也就相应的越大。

其二，合法性维度的依据。M. Weber 是众多学者中第一个对“合法性”概念进行论述的人，他认为社会准则和正式法律的一致性产生了合法性的概念。②M. Weber 的思想极大地影响了机构功能主义的代表性人物 T. Parsons。T. Parsons 在 M. Weber 的理论基础上扩大了合法性概念的范围，他认为组织与社会法律、规则及价值观的统一就是合法性。③M. Weber 对合法性的定义建立在冲突观的基础上，强调了其来源的一致性，而 T. Parsons 则在功能主义的基础上提出合法性就是一致性。两人对合法性截然不同的认识，为之后的学者继续探究该理论提供了充足的动力，也正是 M. Weber 和 T. Parsons 对合法性开创性的认识，为后续合法性的研究奠定了评价和认知两大基础。M. C. Suchman 根据 M. Weber 和 T. Parsons 对合法性的研究写成了《管理合法性：战略和制度的视角》一文，文章对合法性定义的认知和评价进行了深入研究，认为合法性是某个实体所进行的某种活动，在由社会建构的规范、价值、信念和意义系统中被认为是恰当的、合适的普遍性感知或假定。社会成员对于某一事物的评价，体现的是社会成员普遍性的一种价值认同，来源于全社会建构的普遍规则，这样就产生了合法性概念。④M. C. Suchman 关于合法性的这一定义得到了很多学者的认同，并作为经典论述被广泛引用。对于合法性的判断依据，M. C. Suchman 将其归纳为三种，即认知合法性、实效合法性和道义合法性。一般来说，那些和组织有联系的群体，依据自己的合法利益作出的评价就是实效合法性。道义合法性和实效合法性并不相同，道义合法性强调组织是否具有“去做正确事”的能力，反映的是组织活动的“规范性价值判断”，它并不是像实效合法性一样根据组织的行动是否对评价者有利来进行判断。M. C. Suchman 在 M. Meyer 和 W. R. Scott 的研究基础上，进一步把道义合法性细分为结构合法性、过程合法性和结果合法性。此外，他又从理所当然的合法性和可理解的合法性来定义了认知合法性。所谓可理解的合法

① Etzioni A，Marcus P，Merton R K，et al. Organizations. Englewood Cliffs：Prentice-Hall Publishing Co.，1964.

② Weber M，Henderson A M，Parsons T. The Theory of Social and Economic Organization. New York：Oxford University Press，1947.

③ Parsons T. Structure and Process in Modern Societies. New York：Free Press，1960.

④ Suchman M C. Managing legitimacy：Strategic and institutional approaches. Academy of Management Review，1995（3）：571-610.

性是指社会成员将认知环境里的社会经验进行细致的梳理并形成为一种条理分明的、可理解的有用信息。我们的组织及它的行为必须与这些社会经验相适应，更要同人的信仰体系相协调，这就是在可理解的基础上获得的合法性。理所当然的合法性是一种高层次认知文化上的接受，所有的社会成员对某种行为不会产生任何歧义，即它拥有了完全的合法性，因为它已经被制度化了。

对于有关企业社会绩效的评价问题，D. J. Wood 认为，只有那些主要的利益相关者才能参与企业的社会绩效评价。①D. J. Wood 所说的企业主要利益相关者是指在企业交易中具有合法或符合道义的个体或群体，这就要求他们在企业的过去、现在或未来的活动中拥有所有权或利益。企业如果想要持续健康地生存下去就离不开这些主要利益相关者的支持与拥护，企业社会绩效的合法性的评价与分析只有那些与企业密切相关的利益相关者，也就是主要利益相关者才能参与。只有对个体、组织、社会这三个不同的群体及其利益相关者进行研究，才能更好地对企业社会绩效进行评价。如果我们在研究过程中不对组织的利益相关者进行分层分类的话，我们就不能进行有效的回应。

其三，紧迫性维度的依据。在《韦氏词典》中可以看到“紧迫性”包含“紧急”和“必须马上着手”等含义。从管理学的角度进行分析，紧迫性是指组织在利益相关者的要求下立即采取行动的某种强度，时间的敏感性程度和利益相关者诉求的关键性程度是紧迫性依赖的两个方面。著名学者 S. L. Wartick 和 J. F. Mahon 认为，由于时间的紧要程度不同，管理者对某一问题是否会优先采取对策对利益相关者的影响也不同。②在他之前 R. Eyestone 也强调了一个问题是否能及时、迅速地得到妥善解决，决定了这个问题是否对公司起到关键性的作用。③P. W. Williams 等通过研究发现，利益相关者的很多因素，如利益、欲望、期待甚至情感都会对组织产生巨大影响。④如果组织的利益相关者不站在组织的角度思考问题，不支持和拥护组织的生存发展，那么组织的明天也就岌岌可危了。

三、高校创新创业教育体系利益相关者的利益分析

自高校创新创业教育体系创建以来，不同的利益相关者所扮演的角色以

① Wood D J. Corporate social performance revisited. Academy of Management Review，1991，16（4）：691-718.

② Wartick S L，Mahon J F. Toward a substantive definition of the corporate issue construct：A review and synthesis of the literature. Business & Society，1994，33（3）：293-311.

③ Eyestone R. From Social Issues to Public Policy. Hoboken：John Wiley & Sons，1978.

④ Williams P W，Penrose R W，Hawkes S. Shared decision making in tourism and use planning. Annals 1998，25（4）：860-889.

及在体系中所处的地位是不同的，因此他们受益或者受损的情况也差别很大。影响创新创业教育体系一个很重要的因素是利益相关者，特别是对受损的利益相关者的行为、态度、观念影响较大。所以，为协调、化解高校创新创业教育体系与各利益相关者之间的矛盾，就要具体分析该体系可能给他们带来的影响，努力确保他们利益的最大化，以保证高校创新创业教育体系的顺利运行。

（一）创新创业教育体系中的主体利益分析

学校是创新创业教育体系的主体之一，体系的建立有助于学校办学水平及知名度的提升，有利于学校深化产学研合作办学机制，并产生良好的社会效益。对于二级院（系）来说，体系的构建有利于完善实践教学，促进学生创新创业能力的提升。对于体系的构建来说，学生是其中的最大的受益者，他们可以学习到系统的创新创业知识，也可以在创新创业实践中获得锻炼，创新创业意识、知识、能力等方面能够得到全面加强，综合能力能够得到全面提升。教师作为主体之一，也会因为体系的构建得到更多的培训机会，以提高教学技能。在分析受益情况的同时，我们也注意体系构建可能带来的不利影响：需要加大资金投入，增加学校办学经费；会增加教师的工作强度，影响其工作的积极性；学生参加创新创业也有可能影响正常的学业，甚至会顾此失彼；等等。

（二）创新创业教育体系客体利益分析

学校内部组织机构、政府部门、社会组织以及学校组织机构人员都是创新创业教育体系的客体，因客体所处的位置不同，涉及利益也不相同。对于学校内部组织机构来说，管理的范围增加，管理职权扩大，相应的工作内容会增加，管理制度也会相应调整完善。政府部门面临的就业难问题得到一定的缓解，经济也会得到较快发展。社会组织如企业等能够得到更多吸纳人才的机会，以及增加与高校合作的机会。学校组织机构人员的工作内容增加，要求他们及时了解、熟悉创新创业教育的相关信息。当然，创新创业教育体系的构建也会对客体造成一些不利影响，如会要求政府部门增加资金的投入，因而造成一定的财政负担等。

为了进一步厘清创新创业教育体系各利益相关者之间的利益关系，我们还需要对不同利益相关者的利益需求进行分析，见表 4-1。

表 4-1　创新创业教育体系不同利益相关者的利益需求分析

利益相关者	群体		需求分析
强利益相关者	团体	学校	培养有创新能力和创业精神的复合型人才，推动经济社会发展，从而能够更好地服务社会
		学院（系）	培养与学院专业相关的创新创业人才，促使学院教学模式改革
		科研机构	吸纳学生参与到项目中，提升学生的创新创业实践能力
	个人	大学生	通过参与项目培训，实践能力得到提高，激发创新灵感，把握创业机会，完成创业梦想
		教师	参加理论知识教学与实践课程，理论与实践结合，尽可能地提高教学质量
弱利益相关者	团体	校党群机构	确保创新创业教育培养计划严格执行，确保实现人才培养目标
		行政组织机构	注重服务和效率，有效发挥各职能部门的职能，管理服务的有效性得到提升
		教辅机构	配备良好的设施，提供优质服务，完善管理体系
		政府	助力创新创业教育的体制改革，解决大学生就业问题，培育出一批新兴产业，促进经济发展
		社会组织	创新创业高素质人才给企业带来效益，提高企业的竞争力
	个人	校党群人员	吸收更多的创新创业人才加入党组织
		行政组织人员	加入创新创业教育团体，提高工作效率

与高校创新创业教育有关的利益相关者数量众多且关系复杂，主要包含政府工作人员、学校里的师生群体等。通过对高校创新创业教育的这些利益相关者发生冲突的原因进行分析，我们可以将他们的冲突划分为两种，即利益冲突和观念冲突。所谓利益冲突主要是高校的内部利益相关者和外部利益相关者之间发生的冲突，主要表现为学校与政府之间的冲突。观念冲突主要存在于个体之间，大部分的个体冲突都属于观念上的冲突，它主要指行政组织人员与教师、学生间的冲突。现阶段，普通公办高校经费的主要来源是政府的资金投入，政府会通过对高校提出建立创新创业教育体系的要求来实现开展创新创业教育的目标，在体系建立后也会对教育体系的实施与运作进行干预，可见，高校创新创业教育体系中的冲突是不可避免的。实际上，高校更多是站在创新创业教育的层面上，着重强调学校每年的创业人数、就业率以及创新课程的实施情况和创新创业产业基地的建立情况、创新创业科研情况等。高校建立创新创业教育体系的初衷是培育创新创业人才，但在一些情况下，高校不可避免地会与政府的某些政策产生冲突，出现利益上的矛盾。比如，政府对创新创业人才需要的紧迫性与高校创新创业人才培养滞后的矛盾。在发生这些利益冲突时，政府也应该相应地作出一些让步，将主动权归还给学校，让他们根据自身实际情况进行自我调节，以促进创新创业教育实现规模化、高效化发展，实现创新创业教育研究新的突破，进一步促进创新创

业型人才的培养，促进创新型行业的发展壮大，激发经济和教育活力，促进合作双赢局面的形成。

在学校，为学生提供各种服务的工作人员也属于高校创新创业教育的利益相关者，他们把高效工作和为全校师生提供满意的服务视为他们的工作目标，并希望以高效的工作为学校的发展尽一份绵薄之力。在高校创新创业教育体系中，教师和学生是学校创新创业教育的两大主要利益相关者群体，教师希望通过课程的讲授，培养学生的创新思维和提高他们创业的积极性，引导他们创新创业，最后得到学生对他们教学的认可；而学生希望通过创新创业教育，使自己的创新思维能力得到提高，激发创业热情，以实现自己的创业梦想，最终得到社会的认可。因此，教师、学生与学校服务人员之间本质上没有利益的冲突，有的只是一种观念上的冲突。消除这种观念上的冲突，对于创新创业教育体系的稳定和高效的运行十分重要，只有通过教师、学生和服务人员的相互协作才能使观念上的冲突消除。学校服务人员积极主动地配合教师的工作，认真热情地服务学生，教师和学生尊重服务人员的劳动成果，爱护学校教学设施，配合教学工作安排，相互监督、合作，才能实现三方共赢，也才能共同推动高校创新创业教育体系的实施和完善。

第二节　高校创新创业教育的内部影响因素分析

高校创新创业教育既涉及外部利益相关者，也涉及内部利益相关者。因此，高校创新创业教育的有效开展，必然会受利益相关者的影响。从高校办学的角度看，内部的组织运行、资源调配使用等都会影响到创新创业教育的实施。

一、资金投入

高校创新创业教育的持续发展离不开资金保障。首先，师资的选拔与培训、激励机制与持续建设等都需要充足的资金。其次，教学设备的更新改造以及实验室、图书馆、实训基地等教学基地的开发与建设都需要大量资金的投入。此外，让学生的创新、创业想法和热情得到鼓励和保护，就必须建立相应的资助体系，这也是创新创业教育的直接要求。综上所述，资金的投入是影响高校创新创业教育体系建设的一个关键因素。若是缺乏资金的支持，则会造成高校教育设施落后，缺乏先进的教育设施和技术，而实验室、图书馆和实训基地等得不到有效开发、建设就会严重限制学校创新创业教育体系的建立与实施。为了加强创新创业教育的师资力量，教师的聘任、培训以及教学科研等方面，也都需要有充足的经费保障。但是，仅仅依靠高校自身的力量是很难满足创新创业教育体系对资金的需要的。因此，为了避免资金短缺问题给高校创新创业教育体系带来的负面影响，多渠道筹措资金就成了高校的必然选择。目前，除了政府对各高校创新创业教育投入的专项资金以外，鼓励社会各界捐赠是补充创新创业教育资金的另一个有效途径。同时，高校还应该实现创新性发展，充分发挥自身的智力优势，加强与企业合作，通过科技成果转化、创办合资公司等途径来获取更多的资金支持，为高校创新创业教育体系的发展提供更多的资金保障。

当前，由于原有的创新创业教育师资队伍专业化程度偏低，各大高校都开始逐渐重视师资队伍建设，也越来越注重教师培训工作，就连兼职教师上岗都需通过相关的业务培训（如 KAB、SYB[①]）。高校希望通过创业专业认证和培训的方式提高师资质量和水平。例如，北京地区的高校十分重视拓展创新创业教师的国际视野，会定期安排教师出国学习深造；2007 年 11 月 17 日，中南大学引进欧洲模拟公司创业实训技术，开设全国首个创业实训试验班，之后中南大学选派了 12 名教师参加美国百森商学院、南开大学商学院联合开展的中美创业教育师资研习班（symposium for entrepreneurship education，SyEE）项目；大连理工大学设立创业教育博士点，通过培养一批专业的硕士、博士或者吸纳社会上的专业人士进行在职培训，从而建立专门的创业教育师资队伍；南京财经大学组织教师参加创业基础培训、职业经理人培训，选择优秀教师参加 KAB 及类似性质的培训。[②]同时，许多高校还会定期或不定期地举办企业家论坛和专家会议，邀请各方面的知名企业家、专家以及校友近距离为学生答疑解惑，他们将自身创业实践的心得体会、经验方法以及创业意识、创业精神悉数传授给学生。而这些师资培训工作的顺利开展都必须要有足够的经费来支持。

在硬件配置方面，良好的硬件设施是促进创新创业教育的环境范畴，要切实优化高校硬件设施以改善创新创业教育教学环境。我国创新创业教育相对国外来说起步较晚，所以相应硬件设施还不够完善，这在一定程度上限制了创新创业教育的发展。因此，对于我国高校而言，提升创新创业教育质量的必要条件就是要完善硬件设施。一方面，为了给创新创业教育提供足够的、优质的教学设施、办公设备及活动场地等硬件设备，高校要加强校内各职能部门的分工与合作，整合校内资源。另一方面，还应加强与政府、科研机构、企业等的沟通合作，建立创业孵化园区、创客空间、创业科技园等，充分发挥产学研相结合的优势，为优化创新创业教育硬件设施建设提供助力。

在创新创业项目资助方面，2014 年以来各高校为增加对创业教育的资金投入，积极整合多方资源。例如，清华大学的“水木清华校友种子基金”就是专门

① SYB 是 start your business 的缩写，意为创办你的企业。

② 陈静. 高校主导型创业教育生态系统构建研究. 长春：东北师范大学，2017.

用于支持大学生科技创新项目研究的基金项目，而且培育出了一批代表着清华水平的科技创新成果。北京大学设立了专项资金，用于支持正在创业和即将要创业的学生，同时北京大学还成立了创业天使基金，该基金由企业界校友全额支持，初期就募集了资金 5700 余万元，并且海淀区政府和中关村科技园区管理委员会还为学校捐助了 2000 万元。电子科技大学专门设立了创业种子孵化基金（2000 万元），为了鼓励培养学生创业团队还设立了专项创业项目，并投入启动资金 1000 万元。黑龙江大学为有创业需求的团队提供资金支持，专门设立了创业种子基金，该基金资金申请程序严谨，包括项目申请、资金使用答辩、项目担保等环节，审核通过的项目可以获得资助，资金的使用遵循相关基金管理办法，以确保资金的有效利用。[①]

二、师资力量

高校创新创业教育的实施主体之一是教师，他们既是学生学习创新创业课程的教授者和开展实践活动的指导者，又是创新创业教育理论的研究者。专业化水平高的教师是实施创新创业教育的重要推动力。教师队伍必须具备丰富的创业实践经验与强烈的开拓创新精神，掌握系统的创业理论知识，只有这样才能培养出符合社会要求的高质量的创新型人才。教师是我们建立创新创业教育体系的关键影响因素，教师水平的高低直接关系到创新创业教育成效的好坏。所以，创新创业教育体系建设离不开师资队伍建设，高校应该加强对创新创业教育师资的培养与管理。

从创新创业教育开展较早的美国的情况看，美国高校十分重视建设一支一流的创新创业教育师资队伍。美国高校的创新创业教育师资队伍主要由两部分组成，即专职教师和兼职教师。专职教师不仅拥有深厚扎实的理论基础，而且因为经常与商界交往而具有丰富的实践经验，他们的教学内容都是鲜活、真实的案例，并为学生争取了较多的企业模拟实践的机会。比如，最具特色的百森商学院的专职教师对现今社会的需求和创业的要求都有着敏锐的洞察力。银行家、风险投资家、政府在职官员等都可以成为高校创新创业教育体系的兼职教师，各界专业人士的现身说法能够很好地激发学生的学习兴趣，有的学生甚至还能因此而树立创新创业的人生目标。

承担高校创新创业教育任务的教师与其他课程的教师在一定程度上是存在差异的。高校创新创业教育对指导教师的要求比较高，要求教师在熟练掌握相关理论知识的基础上，还必须具备较强的创新意识、拓展能力以及丰富的创业管理经

---

① 王占仁. 中国创新创业教育史. 北京：社会科学文献出版社，2016.

验。教师在课堂上教授学生丰富的理论知识的同时还要通过课堂上的互动教学来激发学生的创新思维和创业梦想，并且能够充分挖掘他们的创新、创业潜能，引导学生进行创新创业。综上所述，师资力量是影响创新创业教育的一个重要影响因素。

良好的师资力量是实现高校创新创业教育健康稳定发展的保障，现阶段创新创业教育在我国高校得到了高度的重视并正在深入地推行，但是创新创业教师的创业实践经验较少、创业能力欠缺以及教师整体数量不足等客观事实制约了创新创业教育发展。2012 年，教育部颁布《普通本科学校创业教育教学基本要求（试行）》，该文件对高校创新创业教育教师队伍建设的基本原则和人员培养方式等都提出了明确的要求，高等学校要根据专任为主、专兼结合的原则，按照学生人数以及实际教学任务，合理核定专任教师编制，配备足够数量和较高质量的专任教师。同时，该文件还鼓励支持其他专业课教师在教学过程中有机融入创业教育内容，积极聘请企业家、创业人士和专家学者担任兼职教师，并承担一定的教学任务。

当前我国高校创新创业教育师资队伍专业化程度不断提高，教师队伍的质量也有了明显的提升，专职教师和兼职教师的组成结构也日趋合理。各高校的师资队伍呈现出专兼结合、校内教师和企业人士相结合的良好局面，师资队伍中既包括来自商学院、管理学院的专任教师，也包括职能部门和学生教育管理工作系统的兼职教师，同时还包括校外的创业成功人士和优秀企业家。比如，清华大学为了保证创新创业教学实践富有成效，分别开设了“创新与创业大讲堂”和小班辅导课，开展分阶段的模拟企业经营，同时邀请校外专家对学生进行创新创业辅导。“创新与创业大讲堂”是精英大班系列讲座，主讲教师包括柳传志、王志东等创业成功的知名企业家、市场研究专家、财经节目主持人以及相关领域的专家、教授等。黑龙江大学则实行分层、分类的培养模式，根据学生的实际需求来选配学业导师、科研导师和创业导师，“三位一体”的导师制度能给予学生极致的个性化指导并且促进学生创新创业能力的提升。同时，该校还为应用技术类专业的学生配备了多元化的师资，其中校外专家、企业家大约占了 1/3。北京航空航天大学创新创业教育的师资队伍共由五个群体构成：一是各院系的专业教师，以及相关领域的学者、教授等，他们负责基础与专业课程的教学，并对实践环节进行指导；二是学生的学业导师和职业生涯规划师等骨干群体；三是由经过培训的创新创业教育教师和创业指导教师组成的核心群体；四是学校产业集团内的企业经营管理人员、校友企业家以及其他外聘的外围创业导师团队；五是学校聘请的成功创业人士作为辅助师资力量。

在美国，如麻省理工学院，在创新创业教育师资力量的配置上，创造性地将教授创新创业课程的教师分为两类：一种是在学校里专门进行科学研究和教学活动的专职教师；另一种是既在学校进行科研和教学活动，又主动和外部联系，促进产学研深度融合的教师，这种教师被称为实践型兼职教师。麻省理工学院前瞻性地组织实践型兼职教师参加外部活动为学校发展带来了积极的促进作用，他们首创了“五分之一法则”，即在一周五天的工作日里，教师们可以抽出其中一天时间参与企业各项活动，由此来增加学校与社会的紧密联系。这个法则极大地提高了教师们参与创新创业实践活动的热情，并且在校园里形成了浓厚的创新创业文化氛围，同时校外企业在一定程度上也支持了教师们的科研工作，最重要的是让教师们对于创新创业有了更加深刻的理解与体会，促进了高校创新创业教育理论与实践的完美融合。麻省理工学院还经常聘请相关领域的专业人士为学生讲授行业最新研究成果和动态，实现了多学科、交叉领域的完美融合。这些实践型兼职教师不仅赚取了额外的报酬，而且为自己的科研活动找到了帮助者，在一定程度上也为学生参与创新创业实践提供了机会。此外，麻省理工学院在创新创业教育方面还专门聘请了一些校外专家来为学生现身说法，分享他们的故事，这些校外专家包括创业成功的企业家、风险投资家等。

斯坦福大学也极其重视创新创业教育师资队伍的建设，该校专门建立了教师选拔和培训制度以及教学成果的检查及考核制度。刚刚走上工作岗位的青年教师必须从助理教授干起，先通过 3 年的锻炼和严苛的考核，再积累 3 年的实践经验，才有被评为副教授的资格；斯坦福大学教授资格的获得更是难上加难，虽然该校面向全球招聘教授，但是通过率不足 1/60；对于教师们的教学成果，斯坦福大学用的是同行评估的方法来进行衡量与检测。斯坦福大学非常重视创新创业教育，除学校内部有专职的创新创业教育教师外，还会聘请学校外部人员组成创新创业教育顾问团队，如退休教师、企业管理者或者是拥有丰富创业经验的创业成功人士，这样做不仅优化了斯坦福大学创新创业教育教师的组成结构，还为学生提供了更多的接近社会、了解社会的机会。

与美国相比，目前，我国大部分高校将创新创业课程交由既缺乏创新创业教育专业培训经验，也没有创业经验和企业管理经验的辅导员和管理人员兼任，他们授课的内容主要停留在理论层面，学生学习兴趣不大，课堂上缺乏互动性，不能激发学生的积极性，难以达到预期的教学要求和目标。专职创新创业教师稀缺、师资力量薄弱，这是我国高校创新创业教育开展过程中存在的较为普遍的问题。

对于创新创业教育教师团队建设，高校可以从以下几个方面着手进行：一是加强对创新创业教育的重视，从顶层设计开始，着手建设创新创业教育体系，创建全员参与模式；二是加强创新创业教育教师队伍建设，优化教师组成结构，根据高校创新创业教育的现实需求，专职教师和兼职教师齐头并进，共同促进创新创业教育的发展；三是加强教师培训，加快考核机制的建设与完善；四是充分调动教师工作的积极性。[①]作为创新创业教育最重要的主体，高校应该积极协调各部门，注重各部门的相互配合，明确教师在创新创业教育方面的责任，强调创新创业教育不仅仅是某一个部门的责任，而且是全体成员共同的目标。提高教师创新创业教学能力，允许和鼓励教师到企业进行挂职锻炼，以提升自身的创新创业专业能力，为学生创造更多的创新创业实践机会，促使校企无缝衔接，进而进一步发展创新创业教育。

三、教学实践基地

近几年很多高校都致力于创新创业实践基地建设，这对于高校创新创业教育的发展来说十分重要，创新创业实践平台的建立可以帮助师生实现科研成果产业化，促进产学研融合发展。平台建设不仅注重专业知识的实践应用，而且还将与创新创业教育有关的利益相关者联系在一起，促使利益相关者进行利益共享，实现互惠互利，合作共赢。从学生的角度来看，该平台的建立将他们从枯燥乏味的理论中解放出来，让他们能够有更多的实践机会，可以更直观深入地了解创新创业，为以后创新创业提供借鉴。虽然创新创业实践平台的建立能够在很大程度上促进我国高校创新创业教育的发展，但是由于其自身的复杂性，平台的建立绝非一日之功。它的建立主要通过自上而下和自下而上两种方式。所谓的“自上而下”就是从学校层面开始设计平台结构，依据平台建设的实际需要一层一层地细化下来，使学校的创新创业资源得到充分的利用。虽然“自上而下”的平台建设方式能够有效地推动高校创新创业教育的发展，但是这种方式也有一定的弊端，如对学生实际需求了解不够，可能会出现学校一厢情愿的情况。另一种方式则刚好相反，它从最基层开始着手建立，对于这种方式的践行，大多数高校采取的是开展以学生为主的创新创业活动，再根据活动开展情况开设与创新创业相关的课程，依据课程的开设情况建立管理机构，负责日常管理与运行，最后顺理成章地建立起创新创业教育实践平台。和前一种方式一样，这种方式也是有利有弊的，好处是稳扎稳打、循序渐进，但这同样也是它的缺点，即平台建设势必速度很慢，同时在向上延伸时也会遇到一定的阻力。[②]

每个学校面对的情况不一样，所以各自的创新创业实践平台建设的侧重点也不尽相同。在一般的研究型大学里，学校重视的往往都是科研成果，所以这类大学的创新创业实践平台的建设就是以研究成果转换为重点，目的是促进产学研相

① 朱晓芸，梅伟惠，杨潮. 高校创业教师资队伍建设的困境与策略. 中国高教研究，2012（09）：82-85.

② 阚婧. 我国高校创新创业教育的实践探索——以大连理工大学创新创业教育基地为例. 大连：大连理工大学，2011.

结合。一般来说，这类大学的创新创业实践基地主要有四个作用：一是要着重激发那些具有很强科研能力的学生的创业热情以及他们对商机的敏感；二是为那些科研能力不强但是具有强烈创业欲望的学生提供有关创新创业方面的帮助；三是基于上述两类学生的需要，为他们搭建合适的创新创业实践平台；四是为全校学生都提供一定的创新创业教育，培养他们的创新意识和创业精神，并将创新创业教育融入校园文化建设中。教学型的大学往往非常重视学生创新创业实践动手能力的培养，创新创业教育实践基地为学生提供了重要实践场所，并且还承担着孵化小微科技企业的重任。

提高大学生创业质量的重要支撑是建立创新创业教育实践基地，而实践基地的建立需要根据学校自身的实际情况以及参加创新创业教育学生的基本情况，通过具体问题具体分析来完成，只有这样才能有效地提高学生的创业质量。首先实践基地的建立要得到校内各院（系）的大力支持，通过院（系）为基地提供的最新专业前沿资讯，充分了解学科动态。这样，高校创新创业教育的发展就与专业建设以及社会经济活动充分结合，做到协调发展、相互促进；其次在校外，高校应该积极寻求政府政策上的支持，加强与广大企业的联系，为学生的创新创业实践获取更多的帮助及实践机会。在创新创业活动中，学校负有义不容辞的责任。其一，要加强对学生的创新创业教育，其二，在校园里营造积极的创新创业氛围，并且在创业道路上给予学生充分的支持和帮助。现阶段，大学生创业（科技）园就是高校创新创业教育的一个很好的实践平台，为了促进创新创业教育的发展，某些高校采取了很多举措，如建立创业实践项目平台，并将创业实训模拟、专业创新实践、课题研究、学科竞赛等环节整合进平台。此外，一些高校建立了创业实践平台，平台通过融合创业实践基地与创业园区，有效拓宽了学生创业实践渠道。为了培养学生的创新意识和创新思维，提高他们的创业积极性、增加他们的知识素养以及提升他们的实际操作能力，很多高校都举办了创新创业的实践活动，以便为学生提供更多的锻炼机会。其中最具代表性的就是北京航空航天大学的创新创业实践体系和温州大学的“三级联动”平台。北京航空航天大学在实践中把高校创新创业教育分成了三个步骤：第一步是加强和完善创新创业教育的基础理论课程的教学，培养学生的创新精神，加强他们的创业意识；第二步是强化创新创业教育教师的责任，促进教师积极指导学生的创业实践；第三步是努力建立起系统、科学、高效的创新创业实践体系，创新创业过程中给予学生全程的指导和帮助，学生的创新创业从孵化器到进一步发展都能够得到学校的支持和帮助。温州大学建立了一个包括学校创业园、学院创业中心、学生创业工作室的“三级联动”平台，将温州地区浓厚的创业氛围带进学校、融入校园文化，积极鼓励学生参与创业活动，使孵化园能够培育出优秀的有潜力的企业。

由于每个学校的环境以及拥有的软硬件设施不同，各学校可以根据自身所处的实际情况以及学生具体的创新创业的需要进行妥善的安排，但是安排必须要合理，符合高校创新创业教育体系的要求；同时要改善学校的硬件设施，不能因为硬件设施老旧使创新创业课程形同虚设，导致无法正常地开展教学活动，否则就阻碍了高校创新创业教育的发展。研究型大学的创新创业教育体系建设，要为学生提供创新创业的科研和实践平台，所以学校就要更加注重科研，加强学校与企业的合作，不断提高学生的科研能力，强化科研成果的转化，努力将其转化为实际生产力，以吸引企业的投资、合作。教学实践基地的建立，将影响创新创业教育的开展程度以及发展规模，由此可见实践基地的建设关系到高校创新创业教育发展命脉。上海交通大学成立了科技创新实践中心，从而搭建起一个校级的学生科技创新交流和学习平台，该平台的重头戏在于科创中心的建立。科创中心下面设立了很多职能部门，如创业导师专家顾问委员会、学生科技创新人才资源管理中心、学生科技创新实践基地、科技成果转化基地等。在校园的一些创新创业实践活动中，科创中心还专门邀请校外专家来具体指导和参与学生的实践活动。为了提高学生的综合创新实践能力，该平台积极探索高校创新创业教育的新途径和新模式，专门为学生设立了科研实验室以方便他们进行科学研究。此外，该校还利用互联网创新驱动创新创业的发展，激发学生的创新创业热情。同时，上海交通大学校企联合的系统性发展成效显著，该校积极联合校外企业，如在包头钢铁厂等企业建立校外创业实习基地和教学科研实践基地，并建立长期的合作关系。温州大学利用温州地区这一国内创业的高发地区的地域优势，积极鼓励学生参与创新创业实践活动，并在平台中进行孵化。创新创业教育实践平台可以为学生提供与现实完全一样的实战训练，让他们感受最真实的创业氛围。如温州大学与阿里巴巴集团合作，进行联合办学，并且共同搭建供学生进行创新创业实践活动的平台。在此平台上，阿里学院为学生提供电子商务创新创业类实践教学，并与校方对接企业需求，引入企业项目供学生实战操作，形成了校方、企业、学生三方联动共赢的良好局面。

在国外，美国麻省理工学院搭建的“大学-产业-政府”三方联动创业平台，是基于三螺旋理论来构建的。在以创新和竞争为主体的社会经济体系中，麻省理工学院把市场需求作为连接点，将大学、产业、政府三者联系在一起，形成了一个相互影响的联动平台。这个平台不仅是大学、产业界和政府的知识、资源与物质交换的结果，更是三者共同协调、配合的产物，这有利于营造公平公正的创业氛围，为学生提供大量的创业机会。

在国内，黑龙江大学的科技文化创业园起到了项目管理、资金管理、创业孵化、创业培训等作用。为了让创新创业项目顺利成长，学生的创新创业项目如果要申请入驻科技文化创业园，就必须要通过一系列严格的审核流程，同时，创业园对科技含量较高并具有广阔市场前景的应用性项目给予有针对性的扶持，以加速其成长壮大。同样，其他一些省份也积极通过平台建设支持大学生开展创新创业，以“国家大学生创业示范基地”——辽宁省创业教育实训基地为例，作为辽宁省省级创业教育基地，它主要具有创业教育、政策实验、理论研究、师资培训、学生实训和项目对接等功能。此外，辽宁省还为学生创新创业提供办公场地，在基地创业的大学生还有机会获得辽宁省大学生创业资金扶持，如税费减免、小额贷款等省级扶持政策；在办理工商注册等手续时享有“绿色通道”以及全程化的创业咨询、指导、培训和实训等服务，这极大地促进了辽宁省高校创新创业教育的推广和顺利进行。在学生的创业素质方面，辽宁省创业教育实训基地为学生开设了 SYB、KAB 等创业培训课程，培养学生掌握创办企业的基础理论知识和操作技能。

四、学校政策及组织

高校创新创业教育是一项系统性的工程，而高校本身又是这个系统的主要承担者。首先，高校位于知识生产和传播体系的上游，是知识创新的源泉，也是经济发展的“人才库”和“智囊团”，更是创新创业教育的主要承载者。[①]其次，高校是创新创业教育系统与外界联系的纽带，它将各种资源聚集在一起并投入教育工作中。毫无疑问，创新创业教育的直接实践者和资源整合者必定也是高校，因为高校同时具备大学生资源和办学的基础条件，所以创新创业教育政策的执行、基础设施建设、培育环境建设、师资引进、课程设置、成果评估及创新创业教育机制体制的建立等方面都离不开高校的参与，当然社会各界的共同努力也是其发展的必要条件。在高校开展创新创业教育过程中，需要秉承培养学生的创新精神和提升学生创业能力的教育理念，结合学校自身的实际情况，给予学生相应的政策支持，努力为创新创业教育创造良好的环境。高校是创新创业教育各方资源的整合者、社会关系的联结者、实际的组织者，因此，以高校为中心，努力建设全社会共同享用的创新创业教育大网络有着良好的基础和条件。高校的政策和组织方式对创新创业教育的实施有着巨大的影响，因为高校是创新创业教育的具体实施者，负责校内创新创业教育的制度设计、课程开发、师资培养、创业实践以及与校外利益相关者的合作等。就学校的政策而言，它为学校整个创新创业教育体系指明了发展方向，规划了发展道路，旨在提升学校创新创业教育水平，有利于创新创业教育得到校内外的广泛关注和重视。加强各部门对创新创业教育的重视，有助于调动全校的力量发展创新创

① 董世洪，龚山平. 社会参与：构建开放性的大学创新创业教育模式. 中国高教研究，2010（2）：64-65.

业教育。学校政策对资金投入、师资力量配备和实践平台建设等方面都起到巨大的引导作用。

2015 年，《国务院办公厅关于深化高等学校创新创业教育改革的实施意见》出台，推动了高校创新创业教育从幕后走向台前、从台前走向舞台中央，引领高等教育综合改革和人才培养方向。从微观层面看，高校创新创业教育的重点是完善工作方案，将国家政策落实到具体工作中。

在创新创业教育中，学校政策是“天”，学生是“地”，开展高校创新创业教育既要看“天”的变化，也要负责“地”的落实。高校必须肩负起新时代创新创业教育的主体责任，在创新创业教育政策的落实中，首先要成立校级工作领导机构，由学校主要领导、分管领导和相关部门组成，该机构负责制定目标、统筹规划、总体布局、建立体系，根据政策措施、教育资源和教育对象的实际情况，拟订一定时期的创新创业教育发展目标与发展规划，出台完善的配套政策、管理办法和实施细则，并确保其起到总领全局的作用。二是要成立专家指导委员会，该委员会是由分管领导、教务处、学生处、团委、招生就业处、科研处（所）与二级学院负责人组成的常设机构，负责上一级机构各项政策的落地实施，并提出落实创业政策、措施及人才培养的具体方案，负责开展教育改革、师资队伍建设、创业平台拓展、孵化平台建设、创业学院建设等具体活动等，以及协调解决创新创业教育与专业教学相互融合等具体问题。设立“创新创业教育发展论坛”“创新创业人才培养学院院长对话”等，为学校与二级学院提供具体思路、改革举措、交流平台和协作机会。三是要通过专业教师宣讲政策，提升学生对高校创新创业教育的认知。要通过科研教研等产学研相结合的活动开展创新创业教育研究，吸收学生参与教师课题研究与创新创业活动，引导教师在课程教学中重视培养学生的创新创业意识和创新能力，并力图探索新方法和育人新途径。

学校政策对师资力量的配备、实践平台建设和资金投入等方面都有巨大的影响，而高校创新创业教育体系建立之后具体措施的实施、监督、管理将由具体的部门代表学校具体执行。学校为了更好地保障教师的利益，应该制定出有利于推动创新创业教育体系建设的教职工绩效考核与奖惩制度，完善薪资分配制度。此外，学校政策还应该引导创新创业教育管理机构向提高专业化程度的方向发展。2007 年以来，各高校纷纷成立校级统管的创新创业教育管理机构，创新创业教育管理的专业化程度逐渐提高。例如，中国人民大学、大连理工大学、黑龙江大学、上海交通大学、华中科技大学和中山大学等高校都成立了创业学院，其中黑龙江大学早在 2002 年就成立了独立的专门组织机构——创业教育学院，并由该学院负责创新创业教育的宣传、组织、协调和实施。武汉大学、武汉理工大学、电子科技大学、西南大学等均建有就业创业指导服务中心。其中，西南大学由校长牵头成立就业创业指导服务中心，并将创新创业教育按教育性质划分为课程建设、创新创业教育与实践、创新创业活动三个维度，分别由教务处、招生就业处和校团委具体负责。西南大学在学校层面依托国家级大学科技园发挥主阵地作用，在学院层面依托特色孵化中心发挥辅助阵地作用，学生的创新创业孵化项目可以得到多层次的培育服务，这有利于创新创业教育的有效实施。

五、其他影响因素分析

（一）学生

学生的创新创业能力是高校创新创业教育的最终落脚点，只有学生接受了创新创业观念，并勇于去实践创新创业，才能说高校的创新创业教育起到了实际的作用。目前，在国家的大力提倡与号召及社会各界的高度重视下，越来越多的大学生意识到创新创业的重要性和必要性，他们主动学习创新创业知识，提升自身本领，但在实际运用中还需要继续努力。

学生作为高校创新创业教育的主要参与者之一，首先，要在观念上和精神上作好充分的准备，特别是要养成勇于进取、艰苦奋斗、勇担责任等美好品质。美国斯坦福大学的一位教授多年追踪研究了人的成长过程后发现，[①]成就最大的人与成就最小的人的最明显差异就在于个性的不同。高成就者往往具有自信、进取心、担当精神、坚持不懈等性格特征。学校要培养学生成为一名成功的创业者或潜在的创业者，就要培养学生的开拓创新精神与敢为精神，让学生明白提升自我对于未来的发展至关重要。其次，学生要认真学习专业知识，要清醒地认识到创新创业并不是与所学专业完全脱离，只有具备充分的知识储备才能更好地进行创新创业，在学习过程中要不断提高自己解决问题的能力，积极参加各种创新创业实践活动和竞赛，在锻炼自己的同时培养团结合作的精神。同时，学生要加强对创新创业政策和相关法律的学习，以便将来提高自身创新创业的成功率。当然，创新创业教育不是有教无类，高校也要根据学生的特点和需求进行有针对性的个性教育，也就是要有教有类。创新创业教育的重点在于普及教育，让学生掌握基本的概念和内容，了解终身学习的重要性，培养学生的综合素质。高校创新创业教育要区别对待有创新创业兴趣和潜力的学生，对其进行重点强化，对他们提出更高的要求，同时还要增强他们的实践能力。而对于那些存在学习困难的学生，高校要利用创新创业教育中的最新理念，引导他们学会学习，学会进取，并逐渐引导他们掌握学做结合、知行合一的要义。

---

① 王璜. 大学生创业精神的重要性及培养途径. 现代经济信息，2008（10）：142，155-156.

（二）校园文化

校园文化是影响学生成长的重要外部环境。它具有陶冶功能、凝聚功能、激励功能和导向功能。建设适合创新创业教育体系发展的校园文化，有利于加强高校和企业的文化对接。校企合作的最终目标是努力培养大学生的创新创业意识和能力，在人才培养过程中应把企业的优秀文化与校园文化进行有机融合，通过校企文化的融合，提高大学生的创业能力，为今后的创业打好基础。校园和企业文化的融合应建立在充分尊重不同主体文化差异的基础上，求同存异，有选择性地将企业优秀文化植入校园中，并将优秀的校园文化渗透于企业中。此外，在校企文化融合的过程中，还应该建立信息交流网络，形成一种有效的信息沟通机制，使校园和企业的合作更加顺畅，进而加快校企合作培养创新创业人才的进程。加强校园创新创业文化建设，就要努力加强校园创新创业信息服务网络的建设，积极宣传创新创业知识，如借助广播、校报、校园专栏、校园网等进行宣传，不断增强学生创新创业意识。例如，利用校园里的创新创业社团，将社团转化为学生与学校之间的桥梁，加强学生和学校的交流，促进高校创新创业教育体系的健康发展。为了让学生逐步认同创新创业，接受创新创业教育的各种相关理念，高校需要组织系列活动，如创业论坛和创业沙龙等。四是要形成既崇尚科学又勇于创新、既积极进取又乐于创新创业的文化氛围，给学生树立创新创业的榜样和典型，并且邀请成功的企业家、创业者和学长到学校现身说法，让学生沉浸在充满创新创业文化氛围的校园环境中。①

另外，为了释放和激发学生的创新创业精神，营造创新创业教育的校园文化氛围，高校可以举办各种各样的群众性科技创新活动。例如，清华大学开展创新创业教育的重要举措就是鼓励和带领学生参与课外学术科技活动。在“创新环”模式中，以“科技活动月”为活动形式，清华大学举办了一系列群众性科技创新活动，以此来激发学生的创新意识、培养他们的创新精神，为大学生创新创业营造了良好的群体氛围，形成了优秀创新成果产生和获得发展的“土壤”。这类群众性科技创新活动通过群体激励的方式，激发了学生的能动性和创造性，使他们能够在创新创业活动中最大限度地发挥自己的能力。

（三）科研成果转化能力与奖励机制

建立高校创新创业教育体系，其根本目的是提升学生的创新创业能力，增强

① 许德涛. 大学生创新创业教育研究. 济南：山东大学，2013.

学生的科研能力，促进学生将科研成果转化为实际生产力，以此来吸引企业的投资与合作，加强学校与企业的交流合作，为学生创新创业学习提供科研、实践平台。我国高校现行的评价奖励体系对于科研人员的考评存在重数量轻质量、重论文发表轻成果转化、奖励机制无法激发科技成果转化的积极性等弊端，这导致科技成果转化率低的局面。2015 年以来，国家有关部委及地方政府相继出台了鼓励科研成果转化的相关文件，这有利于推进高校科研成果的转化，有利于开创新的创业局面。例如，四川省在 2016 年制定了《四川省激励科技人员创新创业十六条政策》，这对加快科技成果转移转化、优化四川省创新创业环境具有推动作用。

第三节　高校创新创业教育的外部影响因素分析

高校创新创业教育发展除了受内部因素影响外，还要受国家政策、社会、地方政府、企业资源等诸多外部因素的影响。因此，推进高校创新创业教育发展需要综合协调，充分调动各方积极因素，以形成发展合力。

一、国家政策

面对日益加剧的国际竞争环境以及日益严峻的大学生就业形势，我国政府为了鼓励各高校积极建立创新创业教育体系制定了许多相关政策。此外，我国大力提倡大学生进行自主创业，鼓励他们努力突破就业瓶颈，同时也为高校毕业生中的自主创业者提供了很多优惠政策。国家政策引领创新创业教育各方主体行动方向，各方主体行动的保障和风向标就是国家的各项政策。在加强高校创新创业教育方面，国家政策的导向作用是十分明显的，而且也是不可缺少的。自 2010 年以来，在国家政策的引导和推动下，高校创新创业教育不断向纵深发展。从时间上看，2010 年以来，国家从两个层面着重发展高校创新创业教育：一是“以创业带动就业”背景下的教育行政部门的政策驱动。2007 年，党的十七大提出了“促进以创业带动就业”的发展战略，在这一战略背景下，2010 年《教育部关于大力推进高等学校创新创业教育和大学生自主创业工作的意见》出台，成为推进高校创新创业教育的第一个指导性文件。为了更好地指导和规范高校创新创业教育，教育部成立“高等学校创新创业教育指导委员会”，委员会由企业家、企事业单位人员、高校教师和相关部门的专家组成，委员会的成员来自各个领域，承担着高校创新创业教育的研究、咨询、指导、服务和评估等重要职责。2012 年，教育部印发《普通本科学校创业教育教学基本要求（试行）》，该文件从教学目标、教学原则、教学内容、教学方法和教学组织五个方面对创业教育进行顶层设计，推动了高校创业教育向科学化、规范化、制度化方向发展，创新创业教育开始步入一个新阶段。为了进一步推进高校创新创业教育，2014 年 3 月，由教育部高教司、科技司、高校学生司和就业指导中心四个司局联合构建创新创业教育联动机制，形成创新创业教育、创业基地建设、创业政策支持、创业指导服务“四位一体、整体推进”的新格局。二是“双创”国家战略强力牵引下的创新驱动。在 2015 年第十二届全国人民代表大会第三次会议的《政府工作报告》中，明确提出大众创业、万众创新和增加公共产品、公共服务是驱动经济发展的“双引擎”，“大众创业、万众创新”热潮迅速在全国掀起。同年，为推进高等教育综合改革及促进高校毕业生更高层次的就业，《国务院办公厅关于深化高等学校创新创业教育改革的实施意见》出台，该文件明确了 9 项改革任务和 30 项具体措施，在“双创”战略不断深入推进的背景下，以切实促进“十三五”期间高校创新创业教育协同发展，高校创新创业教育进入“双创”驱动发展的新时期，从单纯的创业教育拓展为以创新为基础的创新创业教育，让创新者实现创业，让创业者转型升级为驱动经济社会发展的高素质人才。

无论是政策驱动还是战略驱动，都为高校创新创业教育注入了强大的动力，我国高校创新创业教育取得了一系列成就。首先，创新创业及网络共享课程在高校普遍开设。根据 2012 年《普通本科高校创业教育教学基本要求（试行）》，各高校都将“创业基础”列入学生必修课。随后，随着课程建设的加强与完善，逐步形成了高校创新创业三类课程体系。第一类主要是针对全体学生开设的就业指导课，部分高校将学生职业生涯规划指导等方面的内容纳入其中。第二类是创业课程，创业课程得到重视并形成体系。《创业基础》《创业学概论》等一批教材入选“十二五”普通高等教育本科国家级规划教材，部分高校对创业教育骨干与创业指导骨干进行了专题培训。第三类是创业教育网络课程。在教育部的政策主导下，一系列创新创业教育在线课程相继推出，实现了资源共享，“创业管理”“创业人生”等一批创新创业教育公开课作为精品资源共享课，丰富了课程内容与形式。其次，高校学分制教学管理制度改革也在不断深化，以适应创新创业教育的新形势、新要求。比如，部分高校大力推行弹性学制，允许将学生休学创业纳入学分制改革范围。同时，为进一步帮助大学生创新创业，在教育部的推动下，高校纷纷探索创新创业类课程学分积累转换制度。上述改革举措事实上是与《国务院办公厅关于深化高等学校创新创业教育改革的实施意见》中提出的“实施弹性学制，放宽学生修业年限，允许调整学业进程、保留学籍休学创新创业”精神和要求相一致的。另外，2016 年教育部修订的《普通高等学校学生管理规定》，对弹性学制和休学创业作出了如下规定：“休学创业或退役后复学的学生，因自身情况需要转专业的，学校应当优先考虑。”政策性规定进一步为学生创新创业提供条件，也推进了高校创新创业教育的改革发展。此外，从资金投入的角度看，国家对创新创业教育资金投入力度不断加大。“十二五”期间，全国共有117所中央部委所属高校和710所地方所属高校参与创新创业计划，中央政府、地方政府和高校对近8万个项目进行了资助，覆盖12个学科门类，投入经费近14亿元，参与学生近22万人。[①]“十三五”期间，高校创新创业教育不断深化，推进创新创业教育的着力点有效落实，通过统一领导与顶层设计使促进高校创新创业教育发展的举措得到进一步加强。国家层面的创新创业教育改革与发展规划，一方面，鼓励国家有关部门制定积极的创业政策、配套措施，包括融资政策、场地提供、税收减免、知识产权、创客指导、孵化平台、转化市场等方面的激励政策与措施；另一方面，也通过全国性各类媒体，采用多种形式加大政策宣传推送力度，充分发挥创新创业教育专家调研、指导、评估的作用，形成齐抓共管、共同推进的良好局面。

二、社会

在一定程度上，社会大众对高等职业教育所持的心理态势就是一种直观反映，它反映了社会大众对高校创新创业教育的支持与认同程度。因此，从某种程度来说，高校创新创业教育在社会大众心中的地位反映了社会大众的认可度，它深刻地影响着高校创新创业教育的发展。高校创新创业教育在一定程度上促进了社会经济的发展，高校创新创业教育的开展具有较强的外部效益，社会应该主动参与到高校创新创业教育中来，为其提供资源支持。创新创业教育对社会性和实践性的要求都很高，而高校创新创业教育资源和经验都相对缺乏，这就要求高校必须与以市场机制和商业资源为后盾的社会进行无缝对接，弥补不足。社会对促进创新创业教育有着天然优势，创新创业教育也是一个关乎全局性的问题，这不仅需要高校的积极实践和政府政策的扶持，还需要全社会的支持与参与，企业、各服务机构、家长等都应加入其中。学校创新创业教育的目的是为社会输出创新创业人才，社会对高校创新创业教育的认可度是检验教育效果的重要指标。

社会认可包括两个方面，对高校创新创业教育的认可和对学生创新创业行为的认可，两者不一定是同步的。社会对高校创新创业教育的认可主要是对相应课程的开设和学生培育效果的认可，这会影响到社会对高校创新创业教育的支持力度。对学校内部而言，社会认可度直接影响学校对创新创业教育的实施，社会认可度高，学校就可能会在合理范围内实行一定的政策偏向，如投入更多的人力和物力，增强师资力量，而且在课程设置上也会给予更多的重视。社会认可度会直

① 薛成龙，卢彩晨，李端淼．“十二五”期间高校创新创业教育的回顾与思考——基于《高等教育第三方评估报告》的分析．中国高教研究，2016（2）：20-28，73.

接影响学生和老师这两个主体对创新创业教育的态度，从而直接影响高校创新创业教育体系的建设质量。因此，社会认可度高会在校园内形成一种有利于创新创业教育发展的校园氛围。对外部影响而言，如果社会对创新创业教育的认可度高，那么政府也会提高对创新创业教育的扶持力度，包括资金投入、基地建设和政策优惠等，同时进一步鼓励企业与高校合作，共同实施创新创业教育，完善教育体系。现阶段，我国高校越来越多地汇集了社会方方面面的力量，而社会各主体，如家长、企业、各服务机构对高等教育的影响也愈来愈大。对于企业而言，社会认可度较高的情况下，与高校合作的意愿会更强烈，在为高校创新创业教育提供实践平台的同时，也可以给企业自身物色有能力的新人。良好的社会经济环境是发展当代创新创业教育必不可少的条件，而企业对于高校创新创业教育的支持是其中重要的方面。现阶段我国的大学生普遍缺乏创新精神、实践能力和社会经验，这是由于我国高校在长期的发展中，没有将理论与实际情况相结合，出现了理论脱离实际的问题，高校与企业之间也没有形成紧密的合作关系，从而制约了高校创新创业教育的发展。加强学校和企业的合作不仅可以使学生对企业有更直观的了解，而且也为高校创新创业的发展提供了实践基础。对于企业而言，加强与学校的合作，鼎力支持创新创业教育体系的建设，为高校解决在创新创业教育体系发展过程中的资金难题，不仅可以为企业提供一个更加友好的外部环境，还可以为其建立一个更加广泛的资源网。

对学生创新创业行为的认可主要表现在社会对大学生创业行为的尊重、鼓励和支持，社会对大学生创业的态度会影响他们的创业激情。同时，社会对大学生创业支持与否是影响大学生创业率高低的一个重要因素，拥有着良好的创业环境、宽松的工作氛围和完善的支持体系的社会才会吸引更多大学生加入创业的行列。同时，社会对大学生创新创业行为的认可可以帮助家长和家庭其他成员更好地转变观念和思路，打破只有“铁饭碗”才是最好的出路的思想，积极鼓励孩子敢于自主创业，不断创新，当创业路上遇到困难和挫折的时候，鼓励他们勇敢地走下去。

社会对高校创新创业教育认可度高，不仅可以形成一种有利于大学生创业的社会环境，而且还有利于促进高校创新创业教育体系的进一步发展和完善。

三、地方政府

政府在高校创新创业教育中的角色定位是推动者和引导者，同时也是创新创业教育体系的主要供给者、策划者和投资者，政府能够为创新创业体系建设提供资金支持、制度依据和政策保障。目前，教育部、人力资源和社会保障部等相关部门实施了一系列促进高校创新创业教育发展的优惠政策。相应地，各省（自治区、直辖市）也结合自身实际出台了一系列政策措施，这在一定程度上促进了创新创业教育发展。但同时，政府还应根据当地实际情况以及高校创新创业教育的实际需求，制定出更具体、更完善的扶持政策和相应的政策法规，支持、鼓励和保护创新创业教育。

创新创业教育体系是一项复杂的系统性工程，其建设需要政府发挥“内联外合”的协调作用。首先，政府应该提高工作人员对创新创业教育的积极性和主动性，整合内部机构和资源，协调各部门形成教育合力，以更好地促进创新创业教育体系的发展。其次，应加大政策宣传力度，鼓励社会各界积极参与创新创业教育，让社会各界认识到创新创业教育的重要性和必要性。最后，政府还应监督高校进一步提升创新创业教育服务水平，借鉴西方发达国家的做法，建立“一站式”的服务体系，努力提高服务水平的同时简化各类程序。当前，在国家政策的指引下，地方政府也十分重视创新创业教育的发展，努力为创新创业教育整合资源，以保障大学生创新创业更好地发展。比如，在国家鼓励推进弹性学制后，地方教育行政部门都积极支持，努力深化学分制改革。我国已有20余个省（自治区、直辖市）陆续出台高校创新创业教育改革发展方案，进一步明确了大学生休学创业保留学籍的具体时间，最短的为2年、最长的为8年。[①]

随着创新创业教育的深入实施，地方政府也逐渐认识到开展创新创业教育对促进经济社会发展的重要性和紧迫性，开始不断加大政策扶持和资金投入力度，对高校创新创业教育发展给予支持。我国大部分高校隶属于当地政府，其办学资金也来源于当地政府。目前，很多地方政府出台了免息贷款等方面的优惠政策来鼓励大学生进行创新创业。一些地方政府在原有的资金支持，如财政拨款、社会捐助之外，还不断加大对创新创业教育的资金投入，努力拓宽创新创业教育资金来源渠道，如鼓励社会风险投资，设立创新创业教育公益基金、完善社会信用体系和降低大学生个人借贷门槛等。以黑龙江省为例，黑龙江省作为我国东北老工业基地，在创新创业教育方面出台了一系列行之有效的举措，推动了全省高校创新创业教育工作顺利开展。在2015年，黑龙江省就开始建立创新创业学分积累转换制度，最早提出大学生可保留学籍8年进行休学创业。2015年5月还制定出台了《黑龙江省人民政府关于促进大学生创新创业的若干意见》，提出了一系列大学生创业扶持政策，鼓励高校充分利用各项资源建立大学生创新创业训练基地，特别是在资金扶持方面，省级财政投入2亿元，新成立大学生创新创业小额贷款担保公司，专门为大学生创业提供低费率担保，并且每年投入1亿元作为大学生创

① 曾骊，张中秋，刘燕楠. 高校创新创业教育服务“双创”战略需要协同发展. 教育研究，2017，38（1）：70-76，105.

业“种子资金”，以支持在校和毕业 5 年内的大学生创新创业，每年投入 3000 万元用于支持省内科技企业孵化器，为大学生创新创业建设孵化基地，还鼓励引导科力天使股权投资基金、东方汇富创业投资基金等 10 支创业投资基金拿出合理比例资金对种子期初创期的大学生创新创业项目给予重点投资倾斜。①

目前，大学生创业还存在社保、职称评审、工龄计算等保障性问题，对于这些保障性问题，政府也应该出台相关政策，解除创业大学生的后顾之忧。此外，对大学生的相关创业培训和创业补贴也是必不可少的。政府的配套支持政策也是创新创业教育顺利进行的必要条件。例如，协调相关部门为在校大学生提供 KAB 培训；大力引进创新创业专业教师人才；鼓励当地企业建立创新创业教育实践基地；在资源整合的基础上，促成高新技术开发区和科技园等与高校间的合作，鼓励合作单位在高校设立“创新创业专项基金”，为大学生创新创业项目提供资金支持；大力支持学校创新创业孵化基地的建设，使校内孵化基地与地方企业融合，促使科技成果转化为实际生产力，形成良性发展局面。国家从宏观层面要进一步出台扶持政策，鼓励高校对创新创业人才进行培养，并通过税收优惠等制度吸引企业主动与高校开展产学研合作，构建政府、高校、企业三赢的合作机制。地方政府也应该积极主动地组织高校和企业开展密切的合作，使相关政策法规更好地推动高校和企业的合作发展。首先，主动解决税收、资金支持、劳动用工、保险等影响二者合作的主要问题，具体问题具体解决，充分发挥政府在校企合作中穿针引线的作用。其次，在“大众创业，万众创新”战略层面，地方政府应该坚持以“创业带动就业”的理念，统筹高校和企业的合作，明确高校、企业的责任与权利，建立校企深入合作的新机制。最后，政府要对各项政策实施情况加强监管，完善反馈机制，保障相关政策落实到位。比如，徐州创业园作为“国家大学生创业示范基地”，以中国矿业大学科技园为依托，积极引导和鼓励大学生在园区进行创新创业。为鼓励学生积极创业，徐州市政府于 2010 年初出台了《关于鼓励和扶持大学生在校自主创业的意见》，实施了减免税费、贷款贴息、设立创业基金、提供创业场地等举措，促使一大批学生成功创业，推动了高校创新创业教育的发展。

四、企业资源

企业在创新创业教育体系中占据着重要的地位，深刻影响着创新创业教育的发展，成功企业的示范，会有效激发大学生创业的热情和积极性，并且为他们的

① 曾骊，张中秋，刘燕楠. 高校创新创业教育服务“双创”战略需要协同发展. 教育研究，2017，38（1）：70-76，105.

奋斗指引方向。在传统教育中，企业往往是人才培养的最后阶段，主要为人才的培养提供了相应的实践基地。而在创新创业教育中，学校可以与企业共同组建学术与实务相结合、创新与创业相结合、创意与产业相结合的创业导师队伍，合作开发课程，加强学生创业实习和实训，努力为学生创业实践提供全方位的支持和服务，以此形成创新驱动创业、创业带动就业、企业支持创新创业的良性循环，大大促进创新创业教育的发展。

企业为学生创新创业活动提供了丰富的教学案例、导师资源和实践渠道，也提供了校企合作的机会。企业的现实案例教学不仅可以增加课堂的活力，而且学生还可以进行实地调研，增强学生学习的积极性。企业是创新创业教育生长发展的“肥沃土壤”，企业的加入使校园创新创业氛围更加浓厚，更有利于激发学生创业的热情。在企业数量多或规模较大的地区，对高校而言是一种天然的优势，这更有助于促进创新创业教育的开展。高校可以根据地方实际，创设校企合作创新创业项目孵化平台，通过该平台，学生对学校和企业各种优势资源都可以加以利用。同时，高校可以聘请高水平创新创业理论教学教师和具有实际创业经验的校外创业者组成专家组，共同帮助大学生培育创新创业精神，提升创新创业能力。因此，企业带给高校创新创业教育的资源是不可估量的，社会各界成功企业家的丰富经验是高校现有创新创业专业教师所缺少的，给学生带来的好处是显而易见的。企业家、创业人士和专家学者也为高校提供了足够的创新创业兼职教师。丰富的企业资源有利于促进校企合作并构建创新创业教育合作共赢机制。高校追求的是高质量的人才培养和科研水平，而企业追求的是自身利益的最大化，校企合作开展创新创业教育的内在动力是双方共同的需求和利益。企业运用自身的优势资源和实践环境，为学生提供实习机会，通过校企合作将高层次人才引入企业，一方面能够提高企业的竞争力，促进企业经济发展，另一方面也可以帮助企业有效地解决人才短缺和技能短缺的问题。经过在大学期间对专业知识的系统学习，大学生获得了专业知识和技能，大学生可以利用所学知识促进企业核心技术的升级改造，降低企业的成本，使企业在众多竞争者中脱颖而出。校企合作为培养创新创业人才提供了理想的资源和环境，是两种不同人才培养环境的有效融合。创新创业教育的开展可以依托企业来进行，高校可以与企业建立长期的合作关系，让学生进入企业进行实地考察与实践，深入了解企业的运行模式，企业给予学生实践机会，使他们能够更加直观、完整地了解创新创业。

我国高校创新创业教育具有长期性和实践性两个基本特征，这就决定了高校只有与企业进行双向深度合作才能培养出适应当代社会发展的创新创业型人才。我国创新创业型人才培养总体来说由两部分组成：一部分是学校的基础教育，也就是创新创业教师首先要向学生传授有关创新创业的基础知识，培养他们的创新意识，激发他们的创业欲望；另一部分就是要让学生去企业进行实地考察和学习，学生通过实地学习，可以更加深入直观地了解创新创业。学校教育与企业教育二者相辅相成、相互作用、缺一不可。为了加快创新创业教育的社会化进程，高校和企业各自的优势都应当充分发挥出来，校企的深度合作可以帮助学生将理论学习与实践锻炼相结合。大连理工大学紧紧依靠大连软件园和国家大学科技园的区位优势，学生可以实地对那些处于不同类型、不同生存阶段以及不同规模的企业进行学习与参观，对创新创业拥有更加直观的了解，这为他们提供了更多、更有价值的实践机会。借着这个得天独厚的学习平台，学生还可以积极地与企业沟通，参与更多创新创业课题的研究，提高他们的学术研究能力。学生参与课题研究，不仅锻炼了沟通能力、实践能力，还增加了他们对企业的了解。在经济较为发达的浙江省，受活跃的经济环境、浓厚的创业氛围的影响，2014 年，浙江大学的学生创业率达到了 4.16%，在全国名列前茅。①这是因为受周边环境的影响，不仅学生的创业热情居高不下，而且各种与创业有关的资源都比较容易获取。美国斯坦福大学在与企业合作过程中首创了“科技工业园区”模式。斯坦福工业园是世界上第一个高科技园区，斯坦福工业园以各行各业的高科技人才为基础，不断突破现有技术，始终走在引领行业的科技前沿，不断开拓新兴技术领域。斯坦福工业园通过加强与各高校、科研院所、企业间的联系，为技术创新创造良好的环境，成为推动科学技术与经济社会协调发展的综合性基地。为解决毕业生就业问题，斯坦福大学采纳 Terman 的建议，在校园内划出一大块空地开办工业园，允许高新技术企业租用，作为办公用地，并且给予很多优惠政策来激发学生的创新创业热情。②工业园创立之初，园区以低廉的租金吸引那些小的科技公司来此安营扎寨，这些公司大多名不见经传，经过时间的积淀，这里渐渐发展成了高科技产业的发源地。园区内的科技公司依靠斯坦福大学的最新研究成果来提高自己的竞争力，同时它们又反过来为斯坦福大学提供更多的经济支持以及其他方面的资源，促进学校的繁荣发展。随着经济技术的发展，硅谷逐步发展起来，在硅谷与斯坦福大学的合作中，它们相互影响、相互促进、共同发展。高科技企业所需的技术和专业性人才都可以在斯坦福大学获得，以学校为支撑，企业得以发展壮大，又反过来为学校的科研以及人才培养提供更多的支持，双方实现了互惠共赢。著名的惠普公司也是以此为背景建立起来的，其创始人 William Hewlett 和 David Packard 是 Terman 的学生，在 Terman 的指导下，他们在一个阴暗潮湿的车库里，使用仅有的 538 美元作为启动资金，创建了惠普，这是硅谷内最为成功的案例之一。在这个工业园里还有很多其他的著名企业，如柯达公司和通用电气，它

① 人民网-教育频道. 高校毕业生创业率偏低 浙大学子创业热情最高. [2020-06-28]. http：//edu.people.com.cn/n/2014/ 0522/c1053-25051404.html.

② Gillmor C S. Fred Terman at Stanford：Building a Discipline，a University，and Silicon Valley. Stanford：Stanford University Press，2004.

们的技术中心已经逐步转移到这个工业园。

丰富的企业资源催生出为校企合作服务的第三方企业。随着高校创新创业教育重要性的不断提升，社会对于高校输送创新创业人才的需求在不断加大，对高校的资源需求也在进一步增加。在处理校企合作的实际问题上，第三方服务企业发挥了积极的作用。在高校和企业深度合作过程中，第三方服务企业在其中积极搭建沟通的桥梁、努力协调各主体间的矛盾与利益关系，不断探索校企合作的新模式，使学校与企业的合作实现无缝对接，促进学校、企业、学生三个主体间的利益流动，将他们组合成为一个利益集合体，做到利益共享、风险共担，最终实现共赢。随着创新创业教育的发展，这类第三方服务企业也将进一步成熟发展，更好地为创新创业教育和校企合作服务。同时，政府也鼓励发展社会各服务机构，如人才服务机构、金融服务机构、会计或律师事务所、资信评估机构、信息咨询机构等为大学生提供创新创业所需的信息服务、技术服务、市场咨询服务、融资服务等。这一举措不仅优化了市场资源配置，而且还是创造公平、公正竞争环境的有力法宝和健全市场机制的重要保障。

五、其他影响因素分析

（一）个人背景

个人背景对创新创业教育的影响主要体现在学生对创新创业教育的参与程度上。因为个人背景包含着很多内容，其中个人的成长经历、教育背景及学历程度以及资金的可支配数量等，都属于个人背景。在企业的萌芽阶段，家人、朋友的支持鼓励，或直接或间接地为创业者提供的各种资源，也是对创业者创业的帮助。因为个体成长环境不同，教育背景也不尽相同，所以创业者的创业意向和想法也不同。其中限制大学生创业的最主要因素就是资金的问题，如果大学生有创业意愿，启动资金又基本依赖于家人帮助，那么这一问题的解决就要取决于学生家庭的经济实力。

（二）校友资源

校友资源是一笔重要的资源，学生在校期间得到了学校的栽培，他们在功成名就之后也愿意帮助母校发展壮大。因此，校友资源在创新创业教育中起着至关重要的作用。

首先，作为在校大学生的前辈，校友的社会经验、阅历、人生感悟以及他们创业的历程，都值得在校学生学习。现在的校友也是本校曾经的在校大学生，所以他们的奋斗经历与创业历程比其他人的故事更能打动和影响学生。虽然校友并不一定直接传授知识，但是和他们的交流沟通更容易使学生从中学到一些令自己受益终生的东西。其次，校友资源是一个庞大的信息资源网，处于各行各业各地区的校友与母校保持紧密联系，高校可以利用这个庞大的信息资源网获取各行业的最新资讯，及时调整学校的各项决策，以适应现代社会的飞速发展。

同时，饮水思源，很多高校校友为了感谢母校的栽培与教育，可能会投入一定的无偿资本，或者是发动身边的其他群体或个人为了学校的发展壮大投入资本，为学生创新创业提供专项资金。虽然他们早已远离母校，但是依然心系母校，他们会用自己最大的能力回报母校，为母校提供一定的资金和物质支持，竭尽所能为创新创业教育提供实践平台。

斯坦福大学依靠自己的工业园区以及各项优惠政策，吸引了更多的有志青年和创业人士，从而产生了著名的“斯坦福效应”。这种效应也促进了高科技企业的进一步发展壮大。为解决学校、校友、企业之间的沟通问题，斯坦福大学专门设立了校友联盟组织——斯坦福天使和企业家团体，该组织有利于深化各主体间的交流与合作。高校和企业之间的关系不是对立的，而是可以互相帮助、共同发展进步的。高校的最新科研成果可以使企业成为受益者，同时还能帮助企业研发创新，实现互惠共赢。企业在一定程度上可以帮助高校推进产学研进程，将高校的科研成果转化为实际生产力，并快速投入市场。总之，高校为企业提供了强大的技术支撑和人才支撑。

另外，充分开发校友资源，还可以为在校生提供鲜活的创新创业教育素材。通过各种方式使大学生了解校友的创新创业事迹，用他们的实际例子来感召和引导大学生，促使他们树立创新意识，激发他们的创业热情，奋发图强，为中华民族的伟大复兴贡献自己的力量。

第五章
新时代高校创新创业教育体系设计

第一节　新时代创新创业教育体系的设计原则及思路

构建新时代创新创业教育体系既是时代发展对高素质人才培养的迫切需要，也是高校改革发展不断提高人才培养质量的内在需要，因此，构建新时代创新创业教育体系不仅有利于巩固创新创业成果，更有利于促进创新创业教育的规范性、科学性发展。

一、设计原则

科学的理念是开展行动的有利条件，有什么样的发展理念就会引领什么样的发展实践。新时代创新创业教育体系的设计必须要有一套科学合理的理念作为指导。在当今时代，无论是中国还是世界，理念创新和科技创新都越来越成为经济发展的强大动力。对新时代的高校来说，培养学生的创新创业能力是学生综合素质培养的重要组成部分，同时也是人才培养成果的重要衡量指标。学生创新创业能力的培养是一项系统工程，要培养大学生的创新精神、提升其创业能力和综合素质，就需要通过整合社会、学校、政府和企业的教育教学资源，实现理论和实践、校内和校外、课内和课外的有机结合，通过创新创业教育系统课程教学和丰富的创新创业实践活动，为学生创新意识培养和创业能力提升提供充足的教育资源和良好的外在环境。一直以来，我国的教育承担着提高全民素质，积极为国家经济社会发展与进步培养社会主义建设者和接班人的任务。因此，新时代高校有必要结合教育教学资源与环境，切实分析当前国内就业市场的具体形势和供需状况，同时依照以下原则，对新时代创新创业教育体系进行宏观构建。另外，消除对创新创业教育的误解是促进创新创业教育体系建立和完善的前提条件。创新创业教育常被误解为把学生培养成创办公司的自主创业者，甚至被误解为“不务实”的教育等。这些误解会带来一系列负面影响。例如，导致创新创业教育沦为面向少数学生的树典型式的教育，出现对创新创业教育成效上的急功近利行为，这违背了新时代高校开展创新创业教育的初心。

（一）创新创业教育与传统教育体系相结合

现阶段，我国的教育主要分为两类，分别为：普通教育与继续教育。普通教育的培养目标是促使学生德智体美劳全面发展。比较而言，继续教育是一种建立在普通教育基础上的教育方式，其主要目的是满足学生终身学习的需要。随着我国教育事业的快速发展，普通教育与继续教育体系已经日趋完善。并且，各高校在办学体系、教学方式与制度建设等方面也具有了自身的特色。诚然，我国的传统教育体系中包含着少量创新创业教育元素，但这些元素具有较强的偶然性与间断性。创新创业教育仍处于一种零散、断续的状态；传统教育体系也包括少量的创新创业的具体实践措施，但缺乏明确的实践指向与目标；在思想认识上，大多数高校师生，包括领导者对创新创业教育还存在一些误解，认为创新创业教育的对象只是少部分有创业意向和实际行动的学生。

新时代创新创业教育作为一种新兴的教育理念在高校获得广泛认同，其产生的背景是中国特色社会主义进入新时代及我国社会主要矛盾发生变化。传统教育作为一种基础性教育，主要注重学生知识的传授与综合能力的培养。因此，设计新时代创新创业教育体系框架时，需要融合新时代的传统教育与创新创业教育两种教育体系。将新时代创新创业教育的内容和目标全方位覆盖各年龄段、各教育段学生，充分结合学校现有资源循序渐进开展。

（二）实践性与创新性相结合

时代进步的灵魂是创新，同样的，推动国家发展的不竭源泉也是创新，因循守旧只会导致被动、落后于时代。任何国家的经济发展和国力提升，都必须而且只能依靠勇于开拓、具备创新素质的人才。在知识经济背景下积极构建新时代创新创业教育体系，目的是培养综合性人才，并对学校管理、教学、科研等方面进行革命性改造，提高高校管理效率。创新创业教育不属于职业教育，创新创业教育的主要任务是大力培养具有独创性、发散性思维与开拓精神、批判精神的新时代创新型人才。

创新创业实践是创新创业教育的重要内容，也是提高创新创业教育实效的基本途径。然而，如果创新创业实践被误读，相应的创业活动就会流于形式。创新创业教育实践离不开资金、项目、场所等硬性条件的支撑。新时代高校应该把创新创业实践放在与创新思维、创新意识同等重要的位置上。创新创业教育体系在本质上与传统教育体系有所区别，创新创业教育着重培养新时代高校大学生的创新意识、创新思维和创新能力等。

（三）一致性与差异性相结合

培养拥有创新精神和实践能力的人才是高校人才培养的重要目标。这就为高校具体实施创新创业教育提供了一定基础，将高校人才培养和创新创业教育两者有机融合并努力推进是顺应时代发展潮流的有益探索。高校应根据学生年龄、性别、性格等差异，进行教育教学的独特设计与分类实施，全方位、深层次提升学生在创新方面的意识意愿、精神动力、思维构建以及能力水平。可见，创新创业教育不是一项短期性任务，我们应做好长期准备，并与高校培养目标协同发展。

尽管新时代的高校都一如既往地注重学术研究，但在体系结构上，侧重点则有所不同。一方面，由于高等院校所处地域的不同，其所处的社会环境也会有较大差别，间接导致新时代高校的创新创业教育资源条件也会出现较大程度的不同。因而，高校在对学生进行创新创业教育教学和指导过程中，所采取的方法、内容等也会因高校发展的实际差异而有明显不同。另一方面，对人才培养定位上，不同类型的高校也会出现较大差别。与此同时，每所高校都设置了众多学科和专业，不同专业的学生也有不同的创新定位，这也是影响创新创业教育的因子之一，高校应根据专业性和普遍性来确立相应的创新创业教育内容和教学方式，从而找准适合自身特色的创新项目，定位符合自身特点的创新层次，规避创新教育探索风险。

（四）学生的主体性与师生互动性相结合

学生的主体性和师生互动性相结合是创新创业教育体系设计的第四个原则。努力让学生成为能够适应社会和促进社会发展的社会主义建设性人才是学校培养学生的主要目标。接受过高等教育的毕业生不再仅仅是被动的求职者，更可能是成功的创业者和新工作岗位的创造者。大学生群体是最富创造力的创新创业主体，也是建设创新型国家的主力军。因此，教育体系必须激发学生的潜能，鼓励学生发展自己的独特个性，始终坚持贯彻和落实“以人为本”的教学理念。

此外，教师与学生之间的沟通、理解以及学生之间的协作与交流必须通过建立和增加各种互动性的内容、活动方式来实现。启发、引导学生的创新创业思维要利用全方位的人际互动环境和相对平等的学习环境来实现。

二、设计思路

新时代创新创业教育是一种涉及各个方面的系统教育，不仅涉及提高学生创新意识和综合素质的问题，也涉及构建综合学科体系的系统教育问题。为此，新时代创新创业教育的实施和推进需要全面、系统的规划设计，以便构建更加宽广的创新创业教育体系。

新时代创新创业教育体系与传统的教育体系的本质区别在于核心理念不同。教师在教授学生知识的同时，应更加注重培育学生的创新能力，同时应努力激发学生的进取心、创新性与敏捷性等创业式思维，全力发展学生的创新创业能力。因此，鼓励和扶持高校学生进行创新创业需要采用合适的措施。例如，设置高校大学生创新创业奖励项目，让拥有创业热情和实施创业行为的学生得到充足的经济支持；对创业成功者给予物质和精神鼓励。对创业失败者，应宽容待之，全方位地帮助其分析原因，瞄准创业实践过程中的难处并设法解决，这样做也可以为其他的创业实践者提供借鉴。全面的扶持政策，可以增强大学生创业意愿，促进大学生的创业实践，帮助学生及广大群众形成科学的创业观念，使创业成为大学生毕业后的就业选择路径之一，让大学生在毕业后表现出一种不畏艰难、勇于开拓、敢于创新创业的精神品质。

新时代创新创业教育体系框架中，首先应将目标和理念体系作为切入点，努力将创新创业意识教育贯穿高校教育体系的每一个环节。比如，注重学生人格的培养以及强化师资队伍建设等；将创新创业理念与高校人才培养体系各个环节有机融合，将创新意识和创业理念渗透、融入大学生学习生活的方方面面。高校应对学生进行全方位的系统培训和思想教育；改变传统课堂教学模式，扩大实践性较强的课程与科技实践活动在整个创新创业教育中的比例；积极改善教学态度和完善教学方法。课堂教学、全国创新创业竞赛、建设创业基地、培育校园创新文化等多种教育形式促进学生之间、师生之间的深度交流，不断培养大学生加盟创业或自主创业必须具备的核心素质。

其次，面对新时代高校重点科目以及教学水平的差异，现行的创新创业教育理论体系应该与已有的教育科学理论相结合，并且在技术和方法上注入新的要素，通过将运行模式进一步完善和创新，来不断提升高校的教学效率，以便达到高校创新创业教育在思想、方法、成果等几个方面的成效。

最后，在设计和构建新时代创新创业教育体系的同时，必须充分考虑时代和社会的发展需求及新时代高校的教育现状，改变高校原有的教育体系与教育模式。通过继承其优点，集全新的科学技术、教育教学、教学体制与人文思想于一体，构建系统性、联动性、创新性的创新创业教育体系。

第二节　新时代创新创业教育体系框架模型及模块分析

新时代高校实施创新创业教育，必须建构完整的教育教学体系和科学的教育模型，体现创新创业教育的系统性、科学性、全面性。本书借鉴国内外已有的研究成果，并通过分析各项影响因素，同时根据我国新时代高校教育体系的现状，坚持客观研究思路和科学设计原则，在新时代高校教育体系中融入创新创业教育理念和模式，以此构建新时代创新创业教育体系。[①]其框架模型如图 5-1 所示。

由图 5-1 可知，新时代创新创业教育体系框架模型包含四个维度：第一，外部政策与社会舆论环境；第二，内部运行体系；第三，运行机制；第四，运行模式。其中，内部运行体系是该框架的核心部分，由组织环境体系和四个教育模块组成。

创新创业教育组织环境体系是创新创业教育体系的重要组成部分，包含软环境和硬环境，对创新创业教育体系建设有着重要的影响。例如，山东理工职业学院大力培育敢创会创的校园“双创”文化，全力打造师生共享的“双创”实践平台。软环境方面，以“双创”大赛为引领，全面营造浓厚的创新创业氛围，大力倡导“积极创新，勇于创业”的“双创”风尚。该校成立创业学院，设立“双创”奖学金，出台《关于加强三个课堂管理办法》，实施大学生素质拓展认证计划，成立“双创”社团和科技创新团队，举办创业沙龙等系列活动。硬环境方面，整合校内外教学及公共服务资源，以产教融合、校企合作为抓手，建立校企、校地协同育人机制。与山东省中小企业局共建“山东省创新创业学院”，与地方政府共建大学科技园，校企共建电商产业园、文化创意集市等实践育人平台，为有创业意愿的学生提供交流与实践平台，为有基础、有能力的学生提供创业扶持和指导服务。[②]

① 王树生. 创业教育研究. 长春：东北师范大学，2003.

② 北京中科创大创业教育投资管理有限公司，中科招商投资管理集团股份有限公司，中关村中科创新创业教育基金会. 中国高校创新创业教育发展蓝皮书（2017）. 北京：冶金工业出版社，2018.

创新创业教育模块是内部运行体系构成的关键，是实现创新创业教育目标的重要组成要素，主要由四大模块组成。

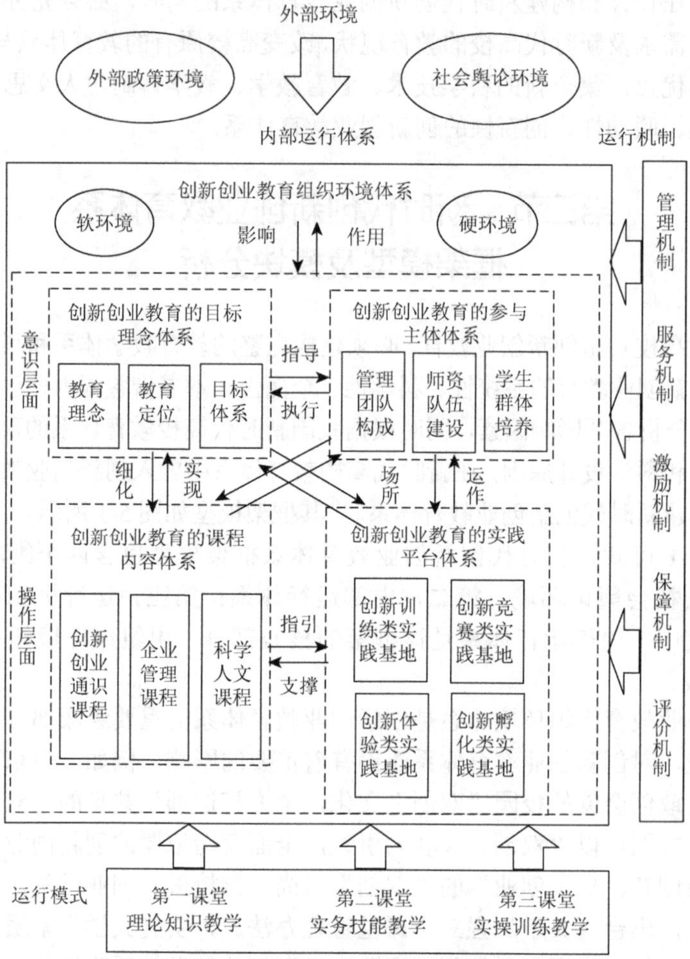

图 5-1　创新创业教育体系框架模型

模块一：创新创业教育理念体系。创新创业教育理念体系是创新创业教育体系的目标导向和思想理念，根据创新创业教育内容划可分为教育理念、教育定位、目标体系三个细分目标，它对其他模块有着重要的导向作用，其系统化的构建理念运用于整个体系。

模块二：创新创业教育的参与主体体系。高校管理者和高校教师是实现创新创业教育基本目标的行动者，最为重要的就是高校要建设一支强大的师资队伍，通过重视培训、提升、评估高校老师的创新创业教育职业素质，选拔出创新创业教师，并通过政策倾斜稳定师资队伍。学生是高校创新创业教育的受教者和教育成果的践行者，学生个体自身的各项素质能力在创新创业教育人才培养中具有重要的影响。

模块三：创新创业教育的课程内容体系。创新创业教育课程内容体系是创新创业教育的重要载体，高校要尽力优化创新创业教育的内容，通过教学课程设置、学科建设、教学方式创新等，将创新创业教育融入专业建设，加强创新创业教育研究。

模块四：创新创业教育的实践平台体系，即帮助学生进行创新创业成果的孵化，指导学生实现创业的平台系统。

上述四个模块的关系是自成体系、相互联系的。其中，偏重于意识层面的主要包括目标理念和组织软环境中的校园文化、学术氛围等。其他模块相对更侧重实践层面的设计。在上述框架中，社会舆论环境与外部政策刺激对整个体系构成有着重要的影响，我们应该切实分析其对整个体系构成及实际运作的影响因素。

综上所述，探索新时代创新创业教育的内部运行管理模式与实施的激励机制，改革传统的教学和培养模式，从整个教育教学过程与方式方法上分析，需要将创新创业的思想理念融入高校教育流程的每一个环节，同时尽最大努力构思出能够稳步推进创新创业教育体系发展的机制体系。

一、新时代创新创业教育的目标理念体系

（一）树立科学、先进的创新创业教育理念

在当前中国特色社会主义进入新时代背景下，解决人民日益增长的美好生活需要和不平衡不充分的发展之间的矛盾是目前发展过程中面临的主要问题。从国家教育层次来看，进行系统的创新创业教育，贯彻“以人为本”的教育理念，通过创新创业教育的实施，培养出拥有创新精神与创造能力的高素质复合型人才是高等教育的重要任务。2005 年 7 月 6 日，相关学者在清华大学召开的全亚洲创业教育会议上指出：创新创业教育是高校实施素质教育的重要内容和重要环节，中国大学应该重视创新创业教育，创新创业教育的目标是培养出具有创新精神和创业能力的学生。[①]教育部提出，从 2016 年起，所有高校都要设置双创教育课程，面对全体学生不断开发、开设双创教育的必修课和选修课，并纳入学分管理。根据《中国高校创新创业教育发展蓝皮书（2016)》，2016 年，超过 70%的高校进行了创新创业教育方面的改革。当前，无论哪种教育体系都需要科学、先进的教育

① 董晓红. 高校创业教育管理模式与质量评价研究. 天津：天津大学，2009.

理念作为指导，将传统教育以知识传授为核心、忽视学生创新精神的理念转变为以人为本、尊重学生个性特点、全方位培养学生创新创业能力的现代教育观念，这是新时代高校开展创新创业教育的前提条件之一。这种目的性的改变并非要根据新的理念去构建一个创新性教育体系，把传统教育完全丢掉，而是要在继承传承教育的基础上进行必要的筛选、传承和更新，来实现战略性办学路径新选择，对传统办学模式进行大胆改革和创新，树立一种全新的创新创业教育理念。努力普及素质教育，逐步实现开放教育、终身教育、智能创新模块教育。此外，也应将创新精神的培养与创新创业教育有机融合，把创新精神作为创新创业教育的核心素质，以社会需求为导向，重点关注学校教育与社会生活、生产的融合路径，引导大学生进行创新创业，促进创新创业教育体系目标的达成。

（二）明确、清晰、合理的创新创业教育定位

将全新的创新创业教育观念与教育实践进行合理、明确的定位，是新时代高校开展创新创业教育的首要任务，合理的定位能够对实践起到促进作用，错误的定位则起到负面作用。现阶段，国内大多数高校创新创业教育普遍存在一种不良现象，即学生管理部门热情高涨，教学管理部门冷冷清清。这种现状直接导致高校专业教育和创新创业教育成为两条平行线，从而使素质教育背景下的创新创业教育与高等教育无法实现融合。高校教育管理者对创新创业教育的定位不够清晰合理、对其理解相对片面、缺少系统和客观的认识是产生这种现状的根本原因。对创新创业教育进行科学理解需注意以下三个方向。第一，新时代创新创业教育受众应是全体学生，同时在创新教育教学过程中高校不要制定临时性措施。高校应该在大学新生入学时就开始培育学生的创新精神和创业能力，并伴随着学生年龄和知识能力的增长而逐步提高创新创业教育的层次。第二，创新创业教育应着重关注学生个体的不同特点，坚决杜绝对所有在校生采取“一刀切”的教育方式。高校必须掌握学生学历水平、思想的差异，对不同特点的学生进行创新创业教育时，要体现因材施教的教育艺术。高校学术型研究生与本科生的创新创业教育应具有显著的不同侧重点。针对低学历层次的学生的创新创业教育可以自我职业能力发展为主。高校应该为具有创业热情及拥有基本条件的优秀学生设立较高的发展目标，并给予更加精准的支持。第三，创新创业教育应当以科技创业为目标，以适应当前知识经济时代特色。另外，高校学生也应改变传统的就业思想，把独立创新创业作为“职业”的一个全新选项。与此同时，高校创新创业教育体系流程应紧密围绕培育学生创新精神与创业能力开展，培育拥有活跃的思维、较强的事业心、强大的意志力、出众的组织管理能力、敢于面对困难、朝气蓬勃的高素质复合型人才。

（三）构建系统、完整的创新创业教育目标体系

创新创业教育体系是一项有着基础价值取向的全方位系统工程，它把培养人的创新精神与创业能力定为基本目标，其属性决定了新时代创新创业教育理念的设立、综合价值取向的选择以及教育模式的改变。

创新创业教育目标体系具有一定的层次性，国家制定的教育目标为第一级别，省（自治区、直辖市）等地方教育目标为第二级别。高校通过创新创业教育将学生创新素质培养作为首要目标，还需要确立教学活动目标，并保证每一次的教育行动都具有较强的目标性，是集课题教学、自主学习、实践锻炼、指导帮扶、文化引领为一体的高校创新创业教育体系的基础性目标分类，是为提升人才培养质量，以及增强学生的创业意识和创新创业能力而确立的目标体系。

1. 教学活动目标

高校新创业教育教学活动目标（图 5-2），主要包括感性发动、知识传授与实践操作三方面内容。

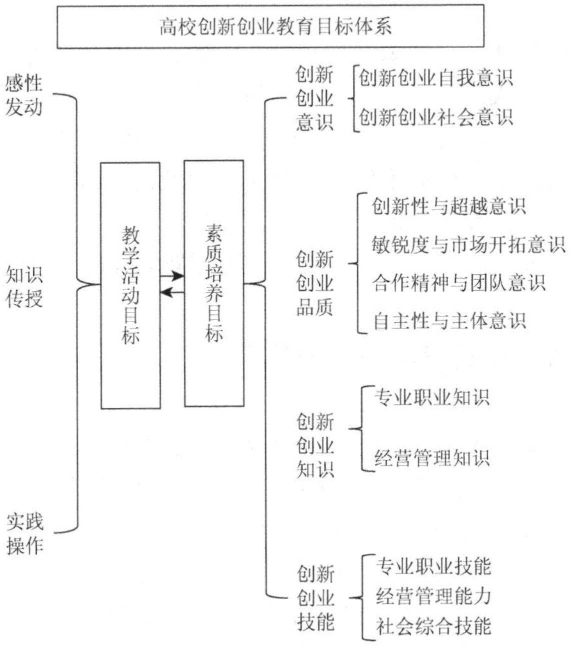

图 5-2　高校创新创业教育目标体系

2. 素质培养目标

素质培养目标是依据新时代对创新创业高素质人才培养要求来确立的，主要包括强化所有学生的创新创业意识、充分锻炼其创新创业品质、充实其创新创业知识、快速提高其创新创业技能四个方面。

（1）创新创业意识：新时代高校大学生在对自身品质、智力水平、就业前景与创业观进行综合性评估后，需要通过创新创业教育的积极引导，调动内在的主观能动性，充分发挥自身的优点，激发自身的创业动机，将专业理论知识与社会实际需求相结合、思想与行为相结合，以实现自我成才、自我创业。

（2）创新创业品质：在创新创业的实践教育中，通过实践活动，培养学生拥有独立思考、敢于抉择、勇于创新、积极沟通、交流合作的品质，教育学生学会进行自我协调，使学生保持较好的心理适应性和挫折承受力，不断提升大学生的创业信心。

（3）创新创业知识：因为创新创业知识是进行创新创业活动的坚实基础，所以具备扎实的专业知识对创新创业者的意识与思维有显著的正向作用。大学生通过对创新创业知识的学习，可以牢固掌握专业知识和职业技能，此外大学生还要密切关注其他有关知识，特别是相关法律法规等方面的知识，形成良好、合理的知识结构。

（4）创新创业技能：与知识结构相对应，创新创业技能着重于把理论知识转化为科研成果、创业成果。具备良好的创新创业技能不仅对大学生创新创业活动的成效带来积极的影响，而且会间接影响新时代创新创业教育活动的有效开展。

这里需要强调的是，创业不仅是一个实践的过程，而且是一个对创新创业知识不断完善的过程，在漫长的创新创业实践过程中，需要学生不断将创新创业知识用于实践，并且在实践中去系统完善相关的创新创业知识。

二、新时代创新创业教育组织环境体系

创新创业组织环境体系是指新时代高校内部的环境，主要指高校为创新创业教育提供的资源和政策支持，包含软环境和硬环境两个方面：软环境指学校支持创新、推崇创业、包容创业失败的氛围及校园文化，同时，也包括学校制定相关的措施以激发大学生的创新创业热情；硬环境是指高校在创新创业经费、基础设施等物质保障，如通过设立创业中心等方式帮助大学生开展创新创业实践活动。硬环境是客观的，是比较容易建设的层面。软环境的主观性较强，特别需要通过加强管理创新和教育观念创新以及通过全体师生的共同努力营造良

好的创新创业氛围，如通过开放社区、创客空间、创意集市、众创平台，让学生在其中分享创意、参与创造和交流思想，这有利于创新创业教育目标的实现。软环境对于创新创业教育的实施更为重要，但也更加难以实施。软环境主要包含以下四个方面的内容。

（一）校园文化

校园文化对大学生的成长具有浸润性、熏陶性的作用，会或直接或间接地影响高校大学生的创新创业活动。加强校园文化环境建设，通过环境熏陶人、感染人，从而让学生在环境的熏陶下增强创新意识和自我培育创新品质。

建设新时代高校的创新创业文化，也就是要加强以创新创业文化为主题的校园文化建设，要合理利用各种宣传工具建设有利于创新创业的舆论环境。丰富多样的校园文化，将有利于促进学生全面发展。推崇创新创业的校园文化环境能在无形中给学生以创新熏陶和创意启迪。

校园文化作为一种文化形态，它所包含的内容是十分广泛的，能够通过丰富多彩的内容和各种各样的形式对学生价值观念、道德情操、思想内涵和行为模式的形成和发展产生较为深刻的影响。创新精神的培养主要应着眼于四个方面：一是以办学理念、校风校训为载体的大学精神文化建设；二是以制度建设、组织建设为载体的大学制度文化建设；三是以领导作风、教风学风为载体的大学行为文化建设；四是以文化设施、学校标志为载体的大学物质文化建设。

（二）学术氛围

良好的学术氛围为培养大学生创新精神和提高其创业能力提供了开放的环境。高校应积极建设新媒体宣传平台，包括校园网站、校园官方微信平台、校园官方微博等，利用信息化手段大力宣传，以营造浓厚的创新创业氛围，积极打造学生创新创业社团，利用研讨、培训、交流的方式大力推广创新创业教育理念，传播创新创业精神。

良好的学术氛围应具有以下四个特点：一是对学术观点的包容性，营造教师和学生自由平等讨论、不断碰撞思想火花的教学氛围；二是强调学生的独创性，新时代高校教育者要善于发现并帮助学生发掘自身蕴藏的创新素养，保护并培养学生的个人兴趣、创新思维、探索精神，鼓励和支持学生发挥个人特长；三是承认失败的价值，形成对失败宽容的氛围；四是保护学生的好奇心、自尊心及自信心，平等对待全体学生。新时代高校应该营造一种能够使全体学生的信心、潜力和素质都能得到提升的学术氛围。

（三）组织机构

任何组织的高效运行都必须有较为完善的组织机构提供管理支撑。新时代创新创业教育的有效实施也离不开完善的组织机构。主要包括大学生创新创业指导中心、创新创业教育领导小组和创新创业教育研究中心等。因此，多层次的专门管理机构应当逐步建立起来，相应的指导机构也需要循序渐进地加以完善，以实现高校创新创业教育的统一规范化管理。

（四）管理制度

创新创业教育制度建设是新时代创新创业教育体系建设的重要组成部分。高校要通过制定创新创业教育的相关政策条款、管理制度，构建创新创业教育管理体系，以激发大学生创新创业的热情和积极性。

（1）建立并完善创新创业教学制度。在创新创业教育不断走向制度化、规范化的过程中，高校还要充分考虑制度的可操作性和可执行性。比如，应深入推广具有弹性的学分制度，保证学生在修业年限、跨学科学习、转系、转专业方面有一定的自由度和选择权，促进学生个性化发展，并为其未来职业选择、创业发展提供必要的制度保障。

（2）规划建设创新创业教育课程体系。学校要根据实际情况，制订创新创业培养计划，与此同时要加强课程体系建设及学分制等相关制度改革，鼓励教师采取符合学生实际需求的教学方式；开设公共创新创业选修课，加深学生对创新创业的了解；高校要从课程体系顶层设计入手，以“专创融合”课程建设为重点，实现学生创新创业素养与专业技能的双提升，构建双创初识—专创融合—双创实践—双创拓展四阶递进的课程体系，构建专业教育与创新创业教育相结合、理论与实践相结合、课内与课外相结合的逐层递进的课程体系，搭建起创新创业意识与方法—创新创业技巧与能力—企业家精神逐层递进的职业能力与素质培养体系。

（3）改革和完善师生考核方式。要积极对传统应试教育考试制度进行改革，运用不同方式并适当地结合已有的考核方式，对学生创新能力与个性发展进行综合评估；建立合理有效的教学评价机制，采取定期或者不定期的方式，对教学课程、教学效果以及具体实践情况等进行相应的评价、考核，以便促进教学制度的不断改进和完善；建设创新创业师资队伍，提升育人能力。高校应积极采取“引培结合”的方式，打造“明师德、乐教学、懂行业、能科研、精技能、通市场”的创新创业师资队伍。同时，打造实践平台，强化协同育人，建立创新创业训练平台、创新创业竞赛平台、创新创业项目孵化平台、创新创业实践平台，在创新创业实践过程中考核、评价双创育人成效。

（4）改革和完善教师培训交流制度体系。加强国内外交流与合作，提升高校创新创业教育影响力。吸取国内外成功的创新创业教育经验，聚合全国双创高校的力量，搭建高水平、开放的双创教育交流平台，促进创新创业教育事业快速发展。不断提高创新创业教育教师的教育教学能力和水平，组织创新创业教育培训，对创新创业教育教师进行定期或不定期的培训，对于教师在教学过程中面临的困难，及时作出相应的反馈，协助其走出困境。

（5）制订高校学生创新创业实践方案。高校要全面梳理人才培养相关制度体系，进一步清除机制性障碍。完善学分制改革办法，建立创新创业学分累积与转换制度，推进毕业设计改革试点，进行全方位布局，以构建完善的创新创业支撑服务体系。要对学生创业学习和创业实践环节作出合理规划，并且积极鼓励学生参与各类科技竞赛和科技培训、撰写并发表科技著作与论文、申请专利、研制新产品、担任科研助手等科技实践活动；设立创业基金，为参与创新创业的学生提供经费上的支持。

三、新时代高校创新创业教育的参与主体体系

高校创新创业教育的参与主体是多元的，本书主要对新时代创新创业教育体系的内部参与主体，即管理团队、师资队伍和学生群体展开分析。由图 5-3 可知，创新创业教育内部参主体是三位一体的有机整体，其中管理团队是创新创业教育总体资源的配置者和整体行为的组织者，管理团队主要通过反馈、协同和管理教导两种方式对教师的教学及学生的学习进行相应的组织、指导、反馈与调适，以此来保障管理团队的服务行为与宏观目标保持一致；师资队伍的教学行为、学生

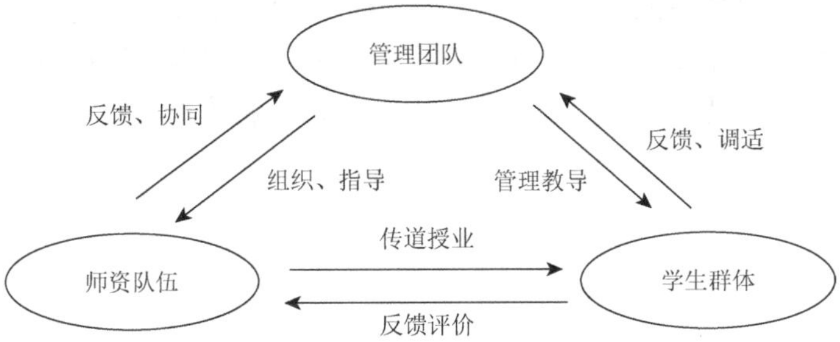

图 5-3　新时代高校创新创业教育的参与主体体系

群体的学习行为则都处于管理行为的统筹中，并且各自都要按照既定的原则及目的导向，发挥能动作用，学生群体的学习行为与另外两种行为进行交互，形成了具有复合因果关系的有机链条。

（一）管理团队的构成

构建高校创新创业教育体系，从体系构建的有效性、整体性的角度分析，需要有良好的管理组织来控制、协调以保障其顺利实施，否则就会导致创新创业教育多头管理，使管理效率低下，这样也会造成管理力量分散，进而影响创新创业教育工作的正常推进。因此，组建一支高效的管理团队，并运用合理有效的管理方法对整个创新创业教育体系进行计划、组织、指挥、协调和控制是十分有必要的。高校创新创业教育体系中的管理团队的职能主要包括学术管理和行政管理两大类。

创新创业教育的行政管理通常是以校长为首的学校行政管理系统来推动实施的，以政策法规和学校章程为主要依据，形成一套体系层次结构较为完备、下级服从上级和按章行事的组织规范，保障整体教学活动的有序开展。学校党委是学校教育事业发展的领导核心，整体把握创新创业教育的发展方向，按照党委的要求，高校相关职能部门对创新创业教育的实施制订具体的措施，提出目标要求等，整合力量形成创新创业教学合力。

与行政管理相比，学术管理的主体呈现出多元化的特点。因为学术管理的主体既可以是教学科研人员或行政管理人员，也可以由二者共同担任。创新创业教育学术管理的主要内容是管理者根据创新创业教育的特点、学术发展的规律，对学术性事务进行的相应管理。在管理方式上，高校可以根据管理主客体的不同，采用包括行政管理方式和各种非行政管理方式在内的多种管理方式。为了提高管理效率，避免出现更多的管理机构，高校可以在原有一系列教学委员会、学术委员会、学位委员会等学术机构的基础上，成立创新创业教育学术管理组织。有了创新创业教育学术管理组织，就可以明确职责，整合职能部门的力量，组织制订创新创业教育的具体实施方案，切实发挥创新创业教育学术管理组织的作用，充分发挥专家，尤其是知名教授和教学骨干在创新创业教育工作中的关键和主导作用，提高其权威性。

（二）师资队伍的建设

教师群体在高校创新创业教育系统中扮演着重要角色，高校创新创业教育一系列教育教学活动主要依靠教师来开展。因此，师资队伍建设是创新创业教育体系建设的重要组成部分，要想取得创新创业教育的成效，离不开一支具有创新精神和创业实践能力的教师队伍。否则，学生就无法树立正确的创业观念、无法全面地接受创新创业知识。创新创业教育需要的优秀教师应该是这样的：具有新时代“四有”好老师（有理想信念、有道德情操、有扎实学识、有仁爱之心）的共性品质，具有适应创新创业教育需要的专业素养。比如，他们的思维具有独特性，面对外部世界具有求异性，应对任何变化时具有灵活性和敏捷性，处理问题的方式具有突发性和跳跃性，能够推陈出新，而非固步自封、因循守旧，每个个体都体现出综合性和联动性等特点。此外，这些教师能够不断学习，有正确的创业理念，能掌握更多的教育教学规律，有更强的求知欲、创造力、判断力、社交能力和现代化技术的操作能力，能够深刻认识到当前教育改革的方向；同时，坚持“以人为本”的教育理念，坚持从应试教育向素质教育转变，由口头讲授向运用现代化教育技术手段转变。创新创业教育需要更新教育理念、改进教育教学方法、创新教学内容、创新教学模式、创新教学主体和相关载体。在一定程度上，新时代的高校教师承担着推进创新创业教育改革的重要任务。

新时代创新创业教师的选拔要重视其创新创业教育能力，即科研创新意识、能力以及创新创业教学能力，要掌握创新创业教育理论及教学方法等。此外，高校应积极利用社会资源充实创新创业教育师资队伍。比如，可以聘请一些创业成功的企业家、管理专家、创业经验丰富人士担任创新创业课程兼职教师或客座教授，邀请他们定期或不定期地到学校授课，介绍创业经验，或邀请他们加入高校创业青年志愿者队伍指导大学生创业实践，现身说法激发学生的创新精神和创业欲望。

（三）学生的培养

大学生是高校创新创业教育的第一对象。作为新时代创新创业教育的受教育者，学生自身所具备的创新创业素质是进行创新创业教育的基础条件，它会直接影响创新创业教育体系当前的实施效果和远期成效。学生创新创业背景主要包括学生家庭背景、个人条件、个人表现及其对创新创业教育的满意度。基于创新创业教育目标体系对学生群体进行培养，在入学前、创业实践团队选拔时以及制订相关培养计划时，可以将学生的背景作为参考依据，其他方面的培养则可以通过教学及实践过程来进行。值得注意的是，学生的创新创业素质不是一成不变的，随着学生的成长、创新创业教育知识的获得等因素的变化，学生的创新创业素质也会发生不同程度的变化，如学生自身创业经验的增加、个人表现的进步等。教育者应当用发展的眼光来对待学生，根据学生的进步程度来开展恰当的创新创业教育和进行适时的创业实践指导。

四、新时代高校创新创业教育课程内容体系

新时代高校创新创业教育课程内容是指创业意识、创业知识、创业策略、创业能力和创业素质等相关理论课程与实务课程。运用科学合理的课程内容体系进行创新创业教育目标体系构建，应遵循市场经济需求原则，积极创设有利于激发学生创新创业激情和创业主动性的有益条件。在创业过程中，经营管理知识和其他相关综合知识是必不可少的。因此，在进行创新创业专业知识传授的过程中，教师需要加强经营管理知识和其他相关综合知识的传授，以便引导学生掌握创业的基本理论、知识和方法，激发学生创新创业热情、培养其创新创业精神、强化其创新创业能力。

如图 5-4 所示，借鉴欧美发达国家创新创业教育经验，关于整体优化的课程群建设均要建立在高校原有课程体系基础上，将创新、创造、创业教育贯穿于整个大学阶段的教学中。高校要积极开设创新创业教育公共选修课，全面、清晰地介绍创业理论、创业知识、创业技能、创业案例等。根据高校专业的不同，设置有针对性的专业创业教育课程，还可增设相关辅助课程，丰富课程内容，促进大学生综合素质的提升、创新创业能力的提高，为大学生顺利参与创新创业实践奠定坚实的基础。

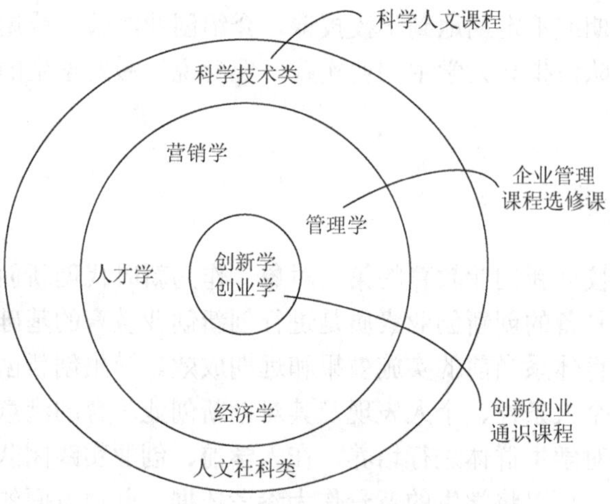

图 5-4　新时代高校创新创业教育的课程内容体系

（一）创新创业通识课程

创新创业通识课程是为大学生创新创业实践打好基础的第一步。创新创业

通识课程应该能够帮助学生获得创新创业的基础理论知识、实践环节的基本知识，以及创新创业风险分析、能力技巧、心理适应、法律规范等内容。通过系统的通识课程教学来培养学生的创新创业素质，帮助学生了解国内外创新创业现状，树立先进的创新创业理念，并全面掌握包括合伙经营、产权保护、企业登记、劳动合同、税收担保等创立企业涉及的法律常识，以及企业在运行过程中涉及的各种法律规范和政策等。

（二）企业管理课程

企业管理课程是在创新创业通识课程基础上，需要学生进一步掌握的理论知识课程。它涉及的知识领域种类较多，分类较为详细，如经济学原理、经济预测等，以及质量管理、生产管理、财务管理等。学习这些课程可以提高学生的领导力、分析能力和判断能力等。

（三）科学人文课程

科学人文课程可以对大学生创新创业实践起到潜在的熏陶作用。高校运用“文理兼修”的教育方式，为大学生实现跨专业、跨学科学习创造条件，增加学生的知识储备以便其提高自身素质。高校在创立课程体系时要注意以下几点：一是压缩教学内容总量，既给学生消化知识和思考问题留有余地，又使学生有时间广泛涉猎课外知识，促进知识结构的综合化发展。二是课程内容与体系应具有一定的动态调整性，追踪学科发展前沿。创新创业教育的灵魂就是适应时代发展和社会的变化。因此，课程内容和课程体系应当是动态变化、可调整更新的，要极力避免固步自封、一劳永逸的做法。为更加高效地适应现代社会经济文化科技发展的新趋势和社会主义市场经济的新要求，高校应充分按照创新型人才培养目标，培养具有合理知识结构、智能结构和素质结构的综合性人才。

五、创新创业教育实践平台体系

创新创业教育活动最重要的环节便是实践。高校在新时代应充分地利用现有的实践条件，并构建具有层次性、实践性、自主性、开放性特点的创新创业教育实践平台体系。创新创业教育实践平台体系建设主要应包括以下三个方面：资金支持、提供实践基地以及技术指导。高校应该在设立相应的创新创业实践项目的同时，配备一定经验的指导老师，为那些具有创新创业意识和能力，但是相关实践经验不足的学生提供专业的指导和支持，并且为了保证实践平台的良性运转，一定的人力、财力和物力上的支持是不可或缺的。

高校创新创业教育不能仅仅停留在对学生进行理论教育，更应该注重对学生实践能力的培养，不断提高学生的实践技能以及相应的动手能力，这也是符合创新创业实践活动要求的。因此，高校应该着力建立起一整套的“产、学、研”联合教育体系，尽最大可能地将实践基地充分利用好[①]。通过建立合作机制，高校应不断尝试与校外相关机构进行合作，充分扩展校外的实践基地，以增加学生实习的机会。在场地管理、教学基金资助、教学人员分配等方面，高校应该为创新创业教育创造充分的条件，并尽可能地为学生在社会上寻得一定的物质支持，为学生创业实践的长期化、阵地化发展提供良好的条件。为了让学生在科技创新创业活动中具备相应的条件，高校应该在创业基地中提供其所需的资源和设备，并为创业实践教学发展不断地寻找新的有效途径，使学生不断提高创新创业能力，为创新创业打下坚实的基础。因此，高校需要不断加强实践教育基地建设，以满足学生在课程实习和毕业实习中的实践活动需求。按照其功能不同，可以将实践教育基地分为以下四种。

（一）创新训练实践基地

高校应充分利用与专业建设相配套的创新训练实践基地，各二级学院应充分考虑学生在参与创新实践项目研究时所需实验室场所的不同属性，建立起相应的科研实践基地，如实验中心、工程中心以及产学研实践研究基地等。一方面，学院应该尽力为学生提供创新创业训练项目研究所需环境；另一方面，学院应该在此基础上，对需要进行各类创新设计与科研开发的学生开放场地，为学生的创新创业实践研究提供所需的必要场地。

（二）创新竞赛实践基地

创新竞赛实践基地主要指的是学校层面上的创新创业教育实践基地，这类基地为学生提供了参加各级各类创新创业活动与竞赛所需的必要环境。一般情况下，学生以自由组合的形式成立各类工作室，如学科竞赛工作室、创新设计工作室和创业实践工作室等。

---

① 商光美. 高等院校创业教育体系的构建策略. 福州大学学报（哲学社会科学版），2011，25（3）：102-106.

（三）创业体验实践基地

创业体验实践基地主要是基于学校对学生进行创业实践教育必要性的考虑，让学生有机会进入相应的创业企业进行实践学习。高校与校外的社会资源进行相关合作，联合建立创业体验实践基地，从而为学生提供观摩与体验企业经营过程中的产品策划、产品设计、产品研发、产品营销等。创业体验实践基地可以让大学生更加深入地了解企业创立、运营等一系列的过程，使其真实体会创业之艰难，运营之不易。通过在创业体验实践基地学习，学生能够树立起正确的创业观，形成不怕艰难、刻苦进取、勇往直前的创业品质。在实践过程中，学生进入企业学习，能够更加真切地体验到创业所带来的成就感。创业体验教育可以激发学生渴望创业的热情，激励其勇敢地去创业，进而不断挖掘自身的潜在创业能力。

（四）创业孵化实践基地

创业孵化实践基地主要是指为了扶持创新型小型企业的顺利成长，由高校与地方政府共同建立的创业园区或者孵化基地。该类基地可以根据不同行业的特征为学生创业提供技术、资金、政策、融资、法律、税务、财务等方面的支持与帮助。

第三节　新时代创新创业教育体系“三课堂”运行模式

创新创业教育体系的正常运行，需要有完善的机制作保障。创新创业教育体系运行机制指的是将创新创业教育体系中的组织环境、参与主体、课程内容与实践平台等相关要素，通过合理有效的方式与组织实施过程联系起来，进而确保创新创业教育目标的最终实现。

在新时代，高校创新创业教育体系能够有效运行，离不开对传统教育模式的根本性变革。将综合能力培养贯穿整个教育教学过程中，实现学生由被动接受转变为主动参与，高校需要更新教育教学观念，给学生提供发现问题、解决问题的机会，引导学生在积极思考中去发现新知识。高校还需要采取讨论式、发现式等新的教育方式，并在教学过程中更加注重创新创业实践。高校需要为学生创造动手动脑的现实条件，对学生开放实验室，鼓励学生思考且设计实验方案、自行分析实验结果和写出实验报告等，以提高学生的创新创业实践能力。与此同时，高校还要注重挖掘学生潜力及培育学生的创新思维。根据 B.Dello-Iacovo 的观点，我们设计了创新创业教育体系“三课堂”运行模式，[①]如图 5-5 所示。

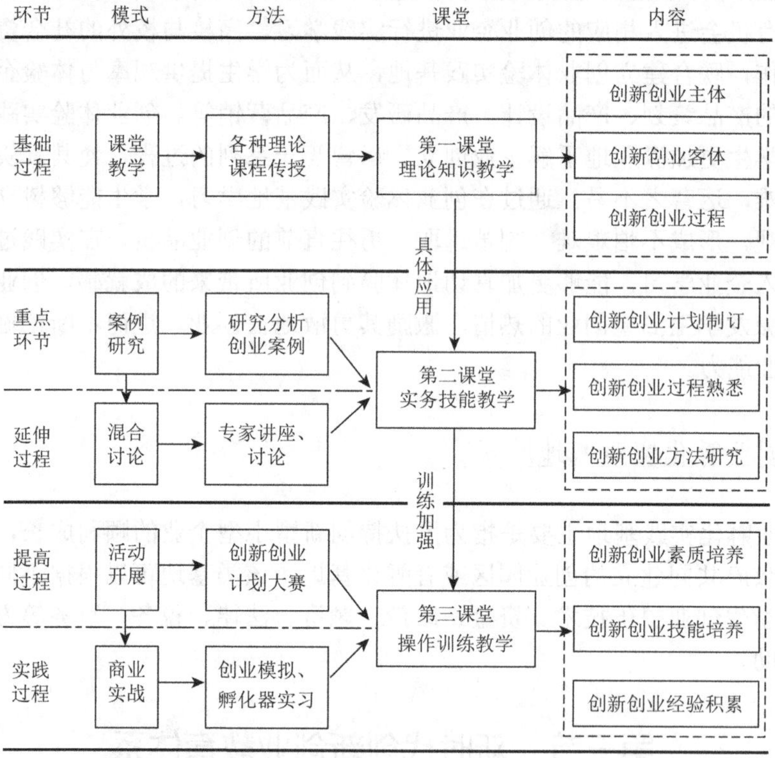

图 5-5 新时代创新创业教育体系“三课堂”运行模式

由图 5-5 可知，与原有的课堂教学的单一形式相比，新时代创新创业教育体系增加了案例研究、混合讨论、活动开展、商业实战等四种形式。

（1）课堂教学。传统的课堂教学使学生可以系统地接受创新创业基础理论知识，使学生对创新创业的主体、客体和过程等要素有一个全面的认识，使学生在了解创新创业基本现状的基础上进一步培养其创新创业思维与意识。

（2）案例研究。案例比理论知识更加贴近学生生活，用现实创新创业案例来巩固课堂教学成果，让学生加深对创新创业知识与理论的理解，使学生对创业流程以及问题的解决方式有初步的认识，并形成基本的创业思路。

① Dello-Iacovo B. Curriculum reform and “quality education” in China：An overview. International Journal of Educational Development，2009，29（3）：241-249.

（3）混合讨论。混合讨论指学生与企业家等专业人员共同对案例进行深入探析。邀请企业家、孵化器管理人员及相关领域专家等进行讨论，可以进一步增强学生对创新创业的理性认识，使学生了解创新创业的具体过程以及政府的相关政策等，促使学生对创新创业思想、方法与技能进行消化、吸收。

（4）活动开展。高校通过开展创新创业活动，可以检验学生对创新创业知识与技能的掌握程度，培养团队精神，提高学生创新创业素质和动手能力，并且提高学生参与创新创业实践的积极性。其中，学生可以参加创新创业大赛，促使学生结合所学的创新创业理论知识，将其运用到创新创业实践过程中去。高校可实施评优制度，以激励学生积极参加创新创业活动，让大学生挖掘自身创新创业潜能，这也是创新创业教育发展的有效途径。

（5）商业实战。商业实战在创新创业教育中起着重要的作用，是对理论学习的检验，对实践过程的熟悉，对商业风险的预测，对实际效益的评估。在创业导师的指导下，学生应尽可能地利用现有资源和环境进行创新创业实战训练，制订创业计划和进行实验设计。在商业实践过程中，学生可以对环境、市场、条件等因素进行分析，分析创业环境（包括资金、政策、技术、市场、管理等），确定创业目标、制订创业计划、进行风险预测等，整体过程由学生自主完成，全过程模拟，教师只给予一定的指导。模拟实验过程就是一个思维演练的过程，这样做不仅可以开拓大学生创新思维，而且能够把理论知识和创新创业实践有机结合起来，促使学生在实践中灵活运用创新创业理论知识。

第六章
新时代高校创新创业教育的运行机制

我国高等教育已经从规模扩张全面转向内涵式发展，在新时代高校教育体系中，创新创业教育起着不可替代的作用。从创新创业教育实施角度出发，新时代创新创业教育的整体框架属于静态模式，而创新创业教育的运行机制是动态化的，并且具备一定的规律性。创新创业教育具有持续时间长、涉及知识面广、连续性强，对国家人才战略起重要作用等特点，高校必须创建一套完整的创新创业教育运行机制才能促进其更好地发展。从性质和功能角度看，高校创新创业教育体系的运行机制主要有管理机制、服务机制、激励机制、保障机制以及评价机制五类；从其主体而言，又可以划分为内部和外部两类。要保证新时代创新创业教育顺利开展和不断发展完善，迫切需要建立健全创新创业教育在高校的运行机制。

第一节　新时代高校创新创业教育的管理机制

在高校，创新创业教育的基础是高校创新创业教育管理机制，高校要想加强对学生创新意识的培养，就需要及时更新相关的管理机制，所以，完善高校创新创业教育管理机制就显得尤为重要。创新创业教育是高校教育改革的重要组成部分，所以高校需要建立完善的组织体系来保障创新创业教育的实施。高校要建立一支强有力的团队，并由专项负责人带头组成领导小组，该领导小组负责管理日常工作中的大小事务，并在日常的工作中发现问题、思考问题、解决问题，以此保证创新创业教学活动及科研活动的有效开展。高校相关部门要重点围绕培育学生的创新创业能力，逐步完善并形成创新创业教育管理相关制度，切实做好相关工作的实施和落地，最终实现创新创业教育教学水平的提升。高校要将学生科技活动作为重要的突破口，加强学生科技活动与课程教学的衔接。高校对创新创业相关教学方式进行改革，有利于培育适应新时代社会发展的创新型人才。

一、完善创新创业教育组织管理机构设置

目前，我国高校在创新创业教育工作中存在着管理机构设置不当的问题，针对这个现状，必须从完善机构设置入手。首先，合理设置机构，明确定位，并且要做到权责明晰。完善相关机构设置，有利于高校明确自身工作方向，从而促进相关管理机制的运行和完善。

高校创新创业教育组织管理机构的设置，应该以培养创新创业新型人才、响应落实国家发展战略和建立高校思想政治教育新阵地为主要目标，并发挥教育教

学、实践指导，以及社会服务和文化引领等作用，以推进高校创新创业教育的快速发展。

（一）高校创新创业教育组织管理机构的设置目标

创新创业教育组织管理机构是保障教育教学工作的重要载体。因此，要高度重视创新创业教育组织管理机构的重要战略地位，建立职责明晰和结构合理的组织管理机构。创新创业教育组织管理机构通过对日常事务的有效管理，保证创新创业教学活动及科研活动的顺利开展，从而实现创新创业人才培养目标。一是要将培养创新创业型人才作为创新创业教育组织管理机构设置的目标。对“人”的教育是高校教育的实质，高校教育旨在提高学生的综合素质和综合能力。实施创新创业教育旨在遵循人才成长规律的基础上，通过组织的正常运行，保障创新创业教育活动的顺利开展，以培养高素质创新型人才。二是要响应国家发展战略。创新创业教育组织管理机构要积极响应“大众创业，万众创新”的国家发展战略，顺应时代发展趋势，将高校创新创业教育落实到立德树人的根本任务中去。三是创新创业教育组织管理机构要致力于建立思想政治教育新阵地。敢为人先、勇于创新、艰苦奋斗是创新创业教育所提倡的精神，这也正好体现了社会主义核心价值观，是高校思想政治教育内容的时代特色。高校通过创新创业教育对大学生优良品质进行培育和塑造，形成了高校思想政治教育的新阵地。因此，高校创新创业教育应该将培育学生的社会主义核心价值观放在首要位置，并将之贯彻到教育工作的全过程，使高校成为新时代思想政治教育的新阵地。

（二）高校创新创业教育组织管理机构的功能

高校创新创业组织管理机构在制定科学性、持续性和有效性的管理制度方面起着不可取代的作用，在培育新时代所需要的创新创业型人才过程中起着保障作用。高校创新创业教育组织管理机构作为高校大学生创新创业管理的综合机构，主要职责是对创新创业教育工作进行管理和统筹。高校创新创业管理机构作为具体组织实施创新创业教育的管理部门，应该具备以下功能。

（1）组织创新创业教育教学活动。在构建适应新时代发展的创新创业课程体系的同时，高校需要加强对创新创业导师与学生继续学习与深造的关注力度，不断为培养顺应时代发展的创新创业型人才而努力。

（2）加强对创新创业教育工作的指导力度。为了构建多方协同发展模式，高校创新创业组织管理机构要整合多种资源，注重加强社会、企业、学校和学生个体之间的联系，推动创新创业实践活动的顺利开展。

（3）加强创新创业教育研究及服务。高校要加强对创新创业成功案例的收集和汇总工作，为今后的研究工作提供强大的资料支撑。这样做也能够极大地推动以创新创业为主题的学术交流，高校应鼓励并支持学生参加相关学术交流活动，这有利于增强学生参与创新创业实践活动的积极性与主动性，此外，高校还要切实做好后勤保障工作。

（4）充分发挥创新创业文化的引领作用。找到创新创业教育与高校思想政治教育的契合点，并将二者结合，以便更高效地开展高校创新创业教育工作。重视创新创业文化与精神的传承，注重载体作用，打造独具特色的创业文化产品。

（三）高校创新创业教育组织管理机构设置

高校创新创业教育组织管理机构体系可设置创新创业教育工作委员会、学校创新创业教育管理办公室、学院创新创业工作办公室，学校创新创业教育管理办公室下设各个分部及联络办公室，具体机构设置情况，见图 6-1。

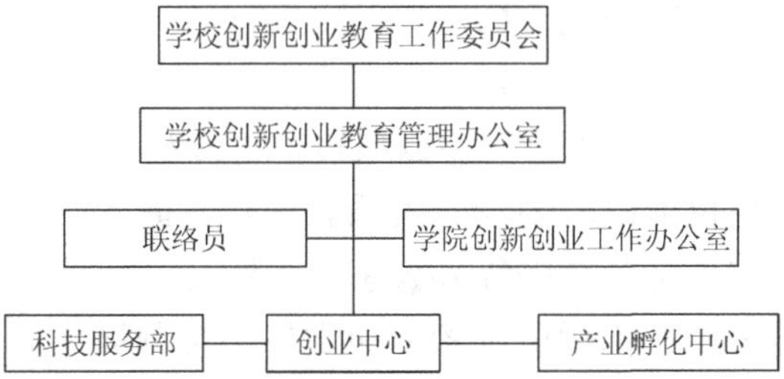

图 6-1　高校创新创业教育组织管理机构设置

（1）创新创业教育工作委员会。高校应建立由校领导牵头、各下属部门有效落实的创新创业教育工作委员会，此外，创新创业教育工作委员会应专门聘请包括政府相关部门负责人、企业中层干部作为校外委员，并且要保证校外委员的人数多于或等于校内委员人数的一半。

作为高校推进创新创业相关工作的关键领导组织机构，创新创业教育工作委员会要对高校未来发展作出科学规划，同时也要做好相关经费的预算审批工作，充分了解并评定、审核被推选出来的创新创业项目，并积极协调各部门全力支持和引导创新创业教育工作的开展与实施。

创新创业教育工作委员会实行任期制，其成员在任职期满后都将进行再次推选，选出新的领导层与基层干部教育。创新创业教育工作委员会每年至少举行一次全体性会议。

（2）学校创新创业教育管理办公室。创新创业教育工作委员会应将创新创业教育管理办公室作为常设管理机构，并由高校的中层干部负责管理工作。相关的管理规定、工作计划的制订，以及一定时间范围的经费预算等都由创新创业教育管理办公室来完成并发布。推进高校师生研究成果转化也是创新创业教育管理办公室需要完成的工作任务。另外，学校创新创业教育管理办公室还要兼顾建立相关产业孵化器、企业与高校协同发展等工作，创业中心、科技服务部及产业孵化中心等都是学校创新创业教育管理办公室的管辖范围。

为了便于创新创业相关工作有效开展，这就要求相应的办公人员具有较高的综合素质与办事能力。行政管理类、法学类、经济类以及心理学类都是基本的专业人才需求，其中，法学类人才是必不可少的。

与此同时，学校创新创业教育管理办公室还要负责与相关创新创业单位做好衔接工作，保证经常性沟通、多方位联络、统筹协商，该项工作贯穿于技术开发、教学实践的全过程。

在高校中，每个学院都应该设立相应的创新创业工作办公室，该学院的领导应该严格落实责任，同时兼任创新创业工作办公室负责人，负责与校级创新创业教育管理办公室定期沟通，做好各项事务的具体协调落实工作，并积极主动组织落实上级布置的创新创业教学任务。

（3）科技服务部。科技服务部需要积极推进高校科研项目转化，并切实协调好高校与企事业单位或政府的合作关系。在此前提下，科技服务部代表管理办公室将有关工作安排给各个院级办公室，各院级办公室再将相关研究与实践任务布置给目标师生，并积极引领老师和学生参与创新创业竞赛。

（4）创业中心。创业中心负责对高校师生的创业项目进行风险评估，并组织相关专家进行商业模式分析与对策研究。创业中心组建由成功企业家组成的顾问委员会，为创业师生提供行之有效的意见和建议，同时，给予创业项目一定额度的资金支持。积极促进创业师生与政府或企事业单位进行良好互动，通过相互交流与共同合作的形式，促使高校师生顺利创业。

（5）产业孵化中心。产业孵化中心需要积极推荐高校师生提出的具有可行性的创业项目，并充分发挥产业孵化器的积极作用，更好地帮助创业者开展各项工作。产业孵化中心应积极协调好与政府或企事业单位的关系，形成良性互动，切实推动高校创业科研项目成果转化。在关键时刻，产业孵化中心应提供相应的法律援助与技术支持，使创业者能够成功走出校园，逐步扩大规模，实现真正意义上的创新创业。

二、完善创新创业教育管理制度建设

构建一套科学合理、符合高校发展实际的创新创业教育管理运行机制是尤为重要的，可以以此保证高校更好地按照制度落实工作。

高校创新创业教育管理制度建设的内容包括：高校创新创业教育工作委员会管理制度、高校创新创业教育各职能部门管理制度、高校创新创业教育经费管理制度、高校创新创业入园项目管理制度、高校创新创业教育引入第三方服务机构管理制度等。

（一）高校创新创业教育工作委员会管理制度

在高校中，创新创业教育工作委员会对创新创业教育事务具有决定权。该工作委员会要负责履行相应的职责义务，制定委员会议事流程，还需要负责相关工作人员的聘任与考核工作等。

（二）高校创新创业教育各职能部门管理制度

高校创新创业教育各职能部门包括教学管理部门、办公室、培训部门、财务部门等。只有在权责明晰的前提下，其制定的管理制度才能得以有效实施，并达到预定效果。

各职能部门必须按照高校统一制定的规章制度开展日常工作，其中包括各部门员工的聘任工作以及考评体系的设定，另外，高校创新创业教育各职能部门还应该明确各自的职权范围，并按照章程开展工作。

（三）高校创新创业教育经费管理制度

高校创新创业教育工作要想开展好，首先要完善创新创业教育的经费管理制度，从管理制度入手，确保相关工作的顺利开展。如果创新创业教育经费管理制度不规范、不合理，就会阻碍高校创新创业教育相关工作的顺利推进。高校必须对该项工作予以高度重视，切实做好创新创业教育经费的管理工作，建立健全相应的经费管理制度，从而对经费进行科学化、精细化及规范化管理，避免出现经费预算不规范、经费分配不均衡、经费支出不合理等不良现象。高校创新创业教育经费管理制度主要是项目经费管理和日常开支经费管理两种制度。项目经费管理涉及创业资金管理，而日常开支经费管理则包括经费使用范围、经费使用审批程序、经费发放等。

（四）高校创新创业入园项目管理制度

高校大学生创新创业项目孵化成功与否，关键因素是项目入园前期、中期以及后期管理是否合理有效。因此，高校应制定一套完整的、系统的、透明的创新创业项目入园管理制度，对创新创业孵化项目进行全程监控与管理，以提高创新创业项目孵化的成功率。

（1）项目入园前期，高校通过制定科学的创新创业项目入园审核制度和合理的项目立项评价指标，通过严格筛选入园孵化项目，可以提高创新创业项目的质量。

（2）项目进入园区中期，高校应该制定相应的管理制度，以此来考核项目发展情况，并对项目入园后的具体情况进行全程追踪，项目负责人应不断整合资源，确保创业项目的顺利。

（3）项目入园后期，高校应制定合理的项目退出制度。该退出制度主要涉及三种情况：一是项目在还没有达到一定年限的时候就中止；二是项目虽然还在规定年限范围内，但因不具备独立运营的条件和能力而退出；三是项目在规定年限内具备自主经营能力而退出。

（五）高校创新创业教育引入第三方服务机构管理制度

创业园能够为入园创业项目提供多方面、全方位的服务。比如，提供办公场所、提供周到的物业服务、提供便利的工商注册服务，以及提供财政税收和法律等方面的援助。

高校向入园项目提供一站式服务，可以通过运用特殊模式，如购买服务模式，引入第三方服务机构，充分发挥市场的作用，不断提高服务水平。高校应该出台相应的管理办法，并且要在这些管理办法有效实行过程中，实现对第三方服务机构的科学管理，从而推动创业项目的顺利进行。

相关的管理办法要涵盖第三方服务机构业务的所有范围，以及相关工作的基本要求。

三、构建创新创业教育一站式服务平台

优化大学生创业指导服务工作，高校就要随时关注国家及地方政府创新创业方面的优惠政策，积极引导创业大学生主动学习创业相关政策，确保每一个创业个体都能享受到相关优惠政策。

高校要充分利用交流互动平台，充分发挥机构、人员、场地、经费的作用，全力帮扶创业大学生，并通过不断指导、全程提供咨询服务的方式，为大学生创业提供一站式服务。高校还要建立健全大学生创新创业信息化公共服务体系，加快构建信息服务平台，推动地方政府与高校间的交流与合作，方便学生了解创业动向，做好创业项目对接、优化知识产权服务工作。为更好地开展网络化指导服务，还应充分发挥省级创新创业服务平台的作用。

在深入贯彻落实创新创业教育政策的基础上，高校应积极开设符合创业学生个性特点的创业课程，搭建好网络平台。高校应在年度教学计划的指导下，合理分配教学任务，自主制定相关的学生创新创业培训规划，积极与有经验的中介机构或者企事业单位、社会各界团体或个人开展合作，还要注重从多种角度培育大学生创新创业意识，激发其创业动力。比如，高校可以组织创业实践活动，专业培训机构可以开设有针对性的培训课程，企业可以通过现场实践等形式，切实提升创业者的实践能力。不同的地区可以根据自身区域特色制定不同的发展规划，以积极引导大学生开展创新创业活动。注重对创业大学生群体的心理素质进行相关教育与培训，创建省级大学生创新创业心理素质培训基地。各高校建立相应的心理咨询室或工作站，有利于提升创业大学生心理素质和抗压能力。大学生创新创业一站式服务平台的构建需要从以下几个方面入手。

（一）提升大学生创新创业实践基地的内涵建设和服务实效，培养大学生的创新创业能力

充分发挥大学生创新创业平台作用，可以积极建立青年人才工作站，加强大学生创新创业实践基地建设。高校可以借助大学生创新创业课程体系建设，努力营造大学生创新创业文化氛围，按照“基于自主选择的课程体系—基于团队的课题实训—基于思维模式的创新品质的开发”这三个层次，给有意向参与创新创业的大学生创设一个良好的创业环境。

青年人才工作站可以为大学生创业提供专业的指导与帮助。青年人才工作站通过开展创业实践活动、举办学术沙龙等活动，促使学生充分发挥专业优势，将

自身所学专业知识与创业相联系，活学活用，从而帮助青年人才攻克技术难关，实现科技成果的成功转化；帮助大学生站在科技前沿的高度来思考问题，激发学生的创业热情，提高学生创业项目的科技含量，推动学生的创业项目向生产实践转化，进而实现成功创业。

（二）推进大学生创业服务基地的功能整合和业务拓展，提升大学生创业素质

（1）注重创业教育实际效果，强化大学生的创业意识与理念。一要培育创业导师，强大的师资力量能够为学生更好地灌输创业理念，激发学生创业激情，并使其转化为实际行动。高校既要加强学生对创业理论知识的学习，为其挑选理论知识扎实的创业导师，并注重对这部分导师进行系统培训，又要积极邀请校外优秀创业团队或个人进校园，通过成功创业者的人格魅力影响学生，从而带动大学生主动创业。二要完善创业教育课程体系建设。推进创业教育体系建设能够助力培育创新创业型人才，使学生们能够快速领悟创新创业，明确创新创业知识架构，并找到自己的方向和目标，制定出具有可行性的发展规划，从而形成具体的实现路径。

（2）拓宽创业咨询的覆盖面，帮助大学生更好地学习创业相关内容。一方面，创业服务基地应整合校内力量，既可以对有一定工作经验的辅导员和研究生进行培训，也可以将辅导员、研究生与本科生放在一起组建创新创业职业生涯规划工作坊，向学生提供职业生涯规划、创业咨询等方面的帮助，对前来咨询的每一位有意向创业的学生，一对一地制定出适合其发展的路径。另一方面，坚持产学研密切联系，创业服务基地应从拓宽业务的角度，整合创业导师、创业咨询服务团队、专职辅导员三方面的力量，对创业学生进行帮扶，在实践中增强学生的创业实力。

（3）注重模拟创业体验活动，强化大学生创业观念与意识。根据当地特色，创设不同形式的发展模式，借助“挑战杯”中国大学生创业计划竞赛，定期组织丰富多样的活动，让不同专业的学生有机会进行交流与合作，并将学生组建为不同的项目团队，使学生在团队项目活动中检验自身能力，增强其创业能力与合作精神。

（4）实现创业实践多样化，培育大学生创业精神。创新创业教育需要从实践中收获真知。高校需要借助创新创业服务机构的力量，在不同形式的组织、活动中提升大学生的实践能力，鼓励并引导大学生到企业中去。高校应积极引导大学生主动参加创业实践活动，在实践中收获成长，并在此过程中提升合作能力与团队沟通能力，推动大学生在走出校园前提前经受步入社会所需要经历的考验与磨

炼，进而了解自己、认识社会，促使自己不断提升综合能力。一系列的实践活动可以增强学生的社会责任感与归属感，增强自身适应能力，塑造艰苦奋斗、求真务实的优良品质。

（5）注重创业项目孵化实效，鼓励大学生创业。做好创业服务工作，必须促进创业项目的孵化。高校通过大学生创业服务基地，可以实现人才资源优势整合，统筹协调发展，使大学生充分发挥专业特长，推动科技成果的顺利转化。一方面，学生可以借助团队的力量促进项目成果的孵化；另一方面，加速推动创业项目的孵化也为学生进一步开展创业活动做好了项目储备。借助创新创业赛事及创业项目成功孵化的双重力量，可以提升团队协作能力，促进知识的积累与转化，并在一定程度上挖掘大学生的创业潜能。

（三）争取提高社会资源支持的力度，提高大学生创业信心

（1）倡导“校友基金＋风险投资”的发展模式，助力质量优、前景好的创业项目成功孵化。高校应该充分发挥校友会的作用，并设立专门的校友创业基金，用来鼓励和支持大学生创新创业。校友会设立的校友创业基金，主要是为好的创业项目提供必要的经费支持，同时也鼓励学生创业团队围绕校友企业做产业配套服务。校友会设立的校友创业基金一方面可以用来开展丰富多样、形式新颖的实践活动，以开拓学生眼界，使其增长见识，提升就业创业综合能力；另一方面，也可以用来有针对性地挑选有核心竞争力的创业项目，邀请感兴趣的校友企业合资开发，助力创业项目成功运营，推动学生创新创业项目的成功孵化。

（2）注重在网络平台加快中小项目交易，实现创业者与企业的对接。充分利用网络平台的优势，建设与中小型企业进行交易的网络平台，在平台上发布科技研发与创业合作等需求信息。网络平台可以为学生创业团队提供承接中小项目的机会。平台的数据库系统要准确地记录合作企业的诚信度以及学生创业团队的信息，进而推动学生创业团队与企业的交流与合作。

（3）建设大学生创业园区，为创业实践提供有利条件。大学生创业园区有利于提升学生创新创业所需能力，也是孵化创业项目最直接的基地，同时也是进行创业课堂教学活动的最佳地点，有利于学生将创业意向转化为实践。

形式不同、功能相近的大学生创业园区是高校与社会机构共同建设的，有利于加强高校与社会相关机构的紧密联系，如金融服务机构、教育培训机构、风险投资机构、创业资质评定机构等，这有助于推动校企合力培育的创业项目成功孵化，从而提升创业实践社会认可度，得到社会各界的支持，进而不断建立健全创新创业社会服务与评价体系。

大学生创业服务是一项系统工程，需要高校不断深入研究、全社会共同支持。高校应大胆探索，勇于实践，积累经验，构建和完善大学生创新创业一站式服务平台，有效培养具有创新精神、创业能力的高素质创业者。高校还需要加强创新创业教育信息化服务平台建设，注重充分发挥学校图书馆的资源信息优势。比如，设置专门的创新创业书架，提供创新创业教育相关图书，对创新创业类的图书与期刊进行系统收集和整理，并不断补充更新创新创业类文献资源，为创新创业教育的开展提供更加优质的信息服务。另外，高校还要适应当下"互联网+"时代的新形势，创建网络化的信息服务平台，方便师生了解相关的创新创业知识，第一时间掌握最新、最全面和最权威的创新创业政策及相关合作企业的信息等，充分运用线上与线下相结合的优势，为学生创业提供更好的信息服务。

四、搭建创新创业教育实践平台

高校应该注重创新创业教育实践平台的维护与管理工作，建立并有效利用创新创业实践基地，充分发挥各种资源的价值，构建多层次与开放性的现代化创新创业教育实践平台，创造条件使学生能够将创业想法转变为实践。同时，高校还要注重宣传工作，不断完善已有的创新创业教育实践平台，建立健全相关管理办法与规章制度，使更多的学生能够享受创新创业教育实践平台带来的福利，发挥其应有的功效。

（一）科学合理地有效利用校内创新创业孵化园

高校响应国家号召，贯彻落实创新创业工作，不断推进创新创业教育发展，并建立了创新创业孵化园区，但目前成效还不够显著。其主要原因包括起步晚，人力、物力资源短缺，高校内部创新创业园区的设施相对较落后，以及管理、运行模式与制度存在一些问题等。要促进高校内部创新创业园区科学发展，必须解决以下突出问题。

（1）保障基础设施的建设，一方面要注重基础硬件设施建设，特别是相关仪器设备要配套齐全；另一方面还要开拓思维，为创业园区营造良好的创业氛围，培养出锐意进取、艰苦奋斗的创新创业型人才。

（2）加大对创业园区的宣传力度，号召学生积极参与，在规范制度的保证下，促使创业园区快速发展。

除了注重基础设施建设外，高校还需要对相关配套软件设施进行完善，必须要为创业园区中专业性较强的项目团队配备专业的指导老师，指导老师要跟进项目，从理论与实践操作等多角度指导学生，弥补项目团队中学生经验不足的短板，同时高校也应该提供相应的保障，提高教师参与创业园区项目孵化的积极性与主动性。

（二）拓展创建校外实践基地

现阶段，创业园区并不能满足当下的创新创业人才培养需求，所以，要培养社会需要的创新创业型人才，高校必须加快建立一大批校外实践基地，这也是解决当下困境的根本出路。当前，我国高校可以通过以下方式来拓宽创新创业实训基地建设渠道。

（1）多方寻找合作伙伴。笔者通过观察和分析众多院校的成功案例发现，成功进行校企合作的院校都采取了学校与大、中、小型企业合作的方式，同时，这些院校还进一步转变观念，实现分散型与集中型、国企与民企、专业对口与不对口相结合，从多种途径寻找合作伙伴。

高校要从整合资源入手，充分利用自身优势和特色来推进实践基地建设，不同专业与学科间实现资源整合与优势互补，带动相关企业与行业进行技术探索，结合当地特色，开拓应用产业园、科技园等经济产业密集区，结合本地特色发展高校创新创业教育工作，加强实践教学，进而培养出更多创新创业型人才。

（2）找到校企合作的切入点。企业着眼的利益点是高校为其培育人才，以及高校进行人员培训、产品开发等方面的实际成效，这一切最终还要看高校能否为企业提供优质的服务。

学校着眼的利益点是企业能够为高校学生提供与校园环境截然不同的实践环境及就业机会。学校应从切实提高学生实践能力出发，积极与企业合作，使企业能够协助学校开展创新创业教学计划，培养出社会需要的创新创业型人才，并最终提高学生就业率，同时在师资队伍建设方面得到有效帮助。实际上，就当前我国高校的发展现状而言，高校必须主动寻找与企业合作的切入点，并与企业建立形式多样的合作关系，形成校企共赢局面。

（3）构建完善的运行机制。构建完善的校外实践基地运行机制，建议从以下几个角度考虑：一是要保证学校和企业双方有共同的利益点，只有在共同利益的推动下，双方才能更好地进行沟通合作，实现互惠互利；二是要形成制度完备的运行机制，出台科学、合理的管理制度，从制度和体系上保证高校和企业双方的合作共赢；三是加快完善创新创业教育校企合作的评价体系，促进建立良好的校企合作机制。

（三）开拓其他模式的创新创业教育实践基地

高校可将校内的工科类实验基地整合建设成为具有创新创业实践功能的基地。国内少数高校正尝试探索该发展路径。例如，隶属于牵引动力国家重点实验室的西南交通大学超导技术研究所，是一个重要的国家创新平台，学校将其建设为开放的创新创业教育实践基地，为创新创业教育开展及优秀人才培养发挥了重要作用。我国其他高校可以以此为参考，发挥校内实验基地的创新特色，并将其建设为创新创业教育基地，使更多学生参与其中，这有利于将知识体系与能力体系相结合，使教学、科研、实训、服务和孵化融为一体。

第二节　新时代高校创新创业教育的激励机制

推进高校创新创业教育深入发展及有效运行的重要环节是完善内部激励机制。目前，高校创新创业教育内部激励机制的完善需要重点把握三方面。一是将激励要素进行优化配置，对参与学校创新创业教育工作的主体进行激励。高校在创新创业教育的实施过程中，为了激发学生的创新创业热情，需要通过加强情感教育激发学生参与创新创业的动机；为了激发师生创新创业，需要对校内的奖惩机制、创新课程及学分设置等进行优化，并且需要着重构建课外创新创业动机激励机制，发挥隐性课程，如校园文化等的育人作用。二是将物质激励与精神激励有机结合。只有通过适当的方法和手段才能起到应有的激励作用。高校在进行创新创业教育时，为使创新创业教育工作更加有效，需要准确分析学生的需求及创业动机，物质激励及精神激励手段的实施要有针对性，只有这样才能发挥良好的激励作用。三是激励手段的实施要保证及时性与持续性。研究发现，对良好行为进行及时激励可以使人快速产生积极的心理反应，并且对自身的获奖行为产生深刻的记忆。[①]为了使人产生积极的心理动力定型，可以对其多次重复激励，进而养成良好的心理品质。

高校创新创业教育的内部激励机制是保障创新创业教育高效运行的制度基础，根据现有研究成果，高校创新创业教育体系推进的激励机制可根据下列方法进行设置。[②]

---

① 张社强. 高校创新创业教育论：内涵、机制与路径. 社科纵横，2017，32（04）：160-163.

② 童晓玲. 研究型大学创新创业教育体系研究. 武汉：武汉理工大学，2012.

一、优化激励要素配置

高校大学生创新创业激励机制的建立和完善并不是一件简单的事，关键是要对各参与主体进行有效激励。参与主体自身的价值观念、个人素质以及情感因素等都会影响动机，而学校管理水平、硬件设施以及校园文化等也会影响参与主体的认识，这里的参与主体主要是教师和学生。因此，在创新创业教育活动中，为激发学生的学习与创业热情，首先要使情感教育的动机激发功能发挥出来。其次，为激发教师与学生间的创新创业互动行为，需要通过构建与优化学校内部的各种奖惩机制、课程的改革与学分的设置来实现。而且，在显性课程激励作用发挥的同时，也要注重隐性课程，如校园文化等的育人功能的发挥，建立健全课堂内外创新创业激励机制。

（一）设置创新创业学分

科学化、规范化是衡量创新创业教育活动的重要标准，因此，高校针对创新创业教育设置创新创业学分需要注意以下几个方面。第一，为使学生对创新创业学分有一个清晰的概念，要明确规定其内容及范围；第二，为了能够明确研究成果取得创新创业学分，要对创新创业学分的评定标准进行细化，如教学计划总学分中的哪部分可由学生取得的创新创业学分来冲抵等。除此之外，创新创业学分制度运作的规范化也可以激励大学生积极参与创新创业活动。

（二）激励创新行为

为激励更多的学生参与创新创业活动，高校应欢迎企业单位、社会资金走进高校，创办创新创业基地、创业孵化基地，为学生创新创业提供平台，激励并指引学生研发新产品、创办新企业等。

二、注重物质激励与精神激励并举

高校要通过恰当的激励方式和手段实施有效的激励，针对创新创业活动实施过程中的不同对象给予不同激励。激励手段可分为物质激励与精神激励。不论哪种物质激励都展现了一定的物质利益，但是，现存的激励机制中存在徒有虚名而无实在利益的奖项，这不利于对学生产生激励作用。如果获奖学生经过层层激烈角逐得到的只是一个虚名，那么激励的作用将被大大削弱。

创新活动中最根本的物质保障是科研经费，学校若没有提供相应的创新科研经费，只是表面鼓励学生参加科研活动，这样容易使学生陷入艰难的局面。所以，学校应加强对应的物质方面的奖励。为了起到更好的激励作用，还需要将物质激励与精神激励有机结合，对评出的优秀者给予表扬。公开、隆重的奖励方式有两大好处：一方面，有利于增强奖励的公正性与合理性，进而可以在较大程度上杜绝评奖过程中的不公正因素；另一方面，以评出的优秀者为榜样能够产生更好、更广泛的模范效应，进而从“点”到“面”扩大激励范围。

为使创新创业教育工作更有效，在大学生创新创业过程中要对学生的需求、创业动机等方面进行深入准确的分析，对各种激励方式进行综合有效的运用，在大学生创新创业过程中要有针对性地采用适当的激励手段。

三、激励的及时性、持续性

从心理学角度来讲，在激励活动中，构建一个良好的信息渠道是十分有必要的，信息获取者需要及时、明确、连续地接收到激励信息。因此，在创新创业教育活动中，高校需要在第一时间对创新创业成效进行激励，如学生参加创新创业活动取得成果后应获得相应的创新创业学分，学校对此学分的认定程序应当顺畅并且及时。

研究发现，对良好行为进行及时激励可以使人快速产生积极的心理反应，并且对自身的获奖行为产生深刻的记忆。[①]为了使人产生积极的心理动力定型，可以对其多次重复激励，进而养成良好的心理品质。从这方面来看，为更有效地发挥激励效果，需要增强激励的持续性。

第三节　新时代高校创新创业教育的保障机制

建立健全一整套系统的、科学的、可行性强的创新创业教育保障机制十分必要：一是有利于促进科研成果顺利转化，提升社会服务质量；二是有利于新时代社会文化、科学技术等方面的发展，推动时代进步。三是有利于持续健康地发展创新创业教育。

从政府、社会、企业及家庭等多个方面入手，以高校创新创业教育的规律和特点作为依据，使创新创业教育保障机制更具科学性，就需要围绕创新创业教育

① 童晓玲. 研究型大学创新创业教育体系研究. 武汉：武汉理工大学，2012.

管理与服务机制、激励机制以及配套政策体系等，提出一套科学的、切合实际的运行机制。

创新创业教育工作是一种全新的、满足社会需求的教学模式，所以，构建一套科学、有效、灵活性强，并且能够适应当今科技创新、经济发展、社会进步和学生发展的保障机制十分必要。这样做既可以使高校顺利开展创新创业教育工作，也可保障高校能够健康、快速、持续发展创新创业教育。仅仅依靠高校一方的力量来开展创新创业教育是十分艰难的，当下，创建立体化创新创业教育教学平台，需要政府、高校、企业和家庭四方积极通力合作，将校内外可利用的资源进行统筹整合，使高校创新创业保障机制进一步得到完善。

政府要从政策的制定、资金的资助等方面，为创新创业教育和创业实践工作提供更好的环境。企业掌握着社会最前沿的实践经验和市场信息，是社会主义新时代市场经济的重要主体。所以，企业是高校创新创业教育的引领者、接受者，需要积极主动为高校创新创业教育活动的开展提供相关的项目支持和实践岗位等。高校作为创新创业教育的重要组成部分，应从师资配备、专业调整等方面入手，确保创新创业教育能够得到充足的教育资源供给。家庭作为大学生成长成才过程中的重要物质来源和精神支撑，家长需要积极支持并配合孩子开展创新创业实践活动，充分发挥家庭教育在学生创新创业过程中的作用。

一、政府的政策支持

各级政府在高校创新创业教育体系的建设过程中扮演着倡导者和扶持者的角色，高校开展的创新创业教育以及学生毕业后的创业实践，都有赖于各级政府在政策、资金及公共服务等方面的协调与扶持。高校创新创业教育保障机制的建立应当以政府为主导，高校为重点，社会广泛参与，家庭全力配合。

（一）政策法规支持

在制定相关的政策方针时，政府不能仅仅停留于使大学生就业这一层面，还应该站在社会经济发展的高度来思考问题，同时，给大学生就业提供一个良好的社会经济环境。使创新创业教育的各项支持措施落地，离不开相关的法律法规以及政策的支持，特别需要政府出台具有实效性的政策。

具体而言，要重视创新创业法律法规制度的建设工作，法律上给予创新创业活动强有力的保障，相关部门要切实做好相关政策落实工作。如果要坚持建立健全创新创业管理制度，就要遵循既定目标，借助平台优势，整合资源、优化结构，降低准入门槛，从范围上扩大市场准入资格，为高校大学生创新创业从项目研究阶段成功走向孵化阶段提供实质性的帮助。同时，还应该在政策上体现出对高校学生创业的鼓励与支持，从根本上激发学生开展创新创业实践活动的积极性。

（二）资金支持

高校开展创新创业教育教学工作离不开资金支持，资金不充足将制约创新创业工作的开展。其中，启动资金尤为重要，如果后期创新创业资金不到位，就会使工作陷入困境。所以，政府应该从资金投入角度对创新创业工作进行大力扶持，可以通过创立基金、带头投资、鼓励小额贷款等形式，为面临资金短缺的学生群体提供帮助，从而真正意义上帮助学生创业。

（三）免费培训指导

要提升创业大学生的实践能力，可以通过提供实训基地、咨询、事务咨询和市场开拓等方面的服务予以支持。应该为省级以上的科技创业项目给予专门的指导，从社会各界精英中挑选出高水平的导师，以一对一的形式提供指导，指导内容涉及理论授课、实践追踪、问题指导、业务咨询等多个方面，从多种角度、在多种模式下切实帮助大学生提高创新创业能力。

（四）支持创建创业教育中介组织

政府应该重视第三方教育机构的作用，积极引导这类教育机构的发展，积极推动第三方教育机构为创新创业工作提供各种支持与帮助，切实推进创新创业项目研究、落地孵化等方面工作的开展，切实满足学生创新创业的各项必要条件。

与此同时，中介组织应该科学评估学生创业项目，与政府共同帮助解决中小型企业在创业起步阶段的融资问题，分担政府的部分压力与风险，同时也要发挥其评估与监督作用，使创新创业教育顺利发展。

（五）建设创新体系

要使高校的创新创业教育工作顺利开展，必须建立符合新时代要求的创新体系，这也是我国一项紧迫的任务。

创新体系不仅强调创新要素或主体之间的联系和相互作用，更强调新的知识在创新体系内部的流动。在建立和完善具有中国特色的创新体系的大背景下，加强高等学校与企业的联系，提高科技成果转换率，发挥高校的主体性作用，将有助于高校培养具有创新精神和实践能力的人才。

二、企业的合作支持

高校是知识创新与科技创新的主要集散基地，而企业则是科技创新成果转化为经济效益的实践基地，所以，高校创新创业教育工作需要得到企业的大力支持和帮助，这也是新时代高校创新创业教育发展的重要保障之一。高校和企业合作主要是以科技创新合作为接触点，共同协商制订以供给侧为导向、以需求侧为目标的项目合作、机构共建、资源共享、人才互派等实施方案，拓宽学校与企业合作的广度与深度，以提升国家经济实力，提高高校育人及社会服务水平。

目前，在创新创业教育过程中，若企业能够从资金、实践以及科技研发等方面全方位地支持高校创新创业教育，不仅能大大降低高校创新创业教育的实施难度，而且有利于企业的长远发展，这样做可以达到良好的互惠共赢效果。因此，高校在与企业建立长期稳定的合作关系时，应选择有责任感的企业。企业应提供优质的创新科研项目、相关课题和实践基地等，并且派遣有着丰富创新创业实践经验的人员担任高校的兼职导师，提供良好的条件和机会以便高校师生进行创新创业实践。为了营造良好的社会氛围以推动高校实施创新创业教育，企业应该对学生在创新创业实践中的收获以及给企业和社会带来的价值进行重新认识和定位。因此，站在企业的角度来认识与高校合作的价值和意义，主要有：第一，通过与高校合作，企业为推动中国的高等教育事业发展做出了自己的贡献，实现了自身的社会价值；第二，在高校大学生中建立良好的企业口碑，为企业将来进行创新型人才引进打下坚实的基础；第三，企业通过与高校建立长期有效的合作关系，可以为自身的长远发展获得技术和人才保障。此外，在大学生创新创业实践能力的提升方面，企业具有不可取代的作用，可以为高校创新创业教育提供真实的实践体验基地、优质的实训设备，以及具有丰富经验的企业管理者亲自予以指导。

总之，在高校与企业的合作过程中，双方联合培养人才，一起建立创新创业教育实践基地可以实现企业与高校的发展共赢。高校与企业在创新创业教育中的合作要注意以下几方面。

（一）理论性与实践性相结合

企业在参与高校创新创业教育的过程中，不仅要提供实践平台，而且要通过多种途径促使双方进行经验交流，使双方实现共同进步、共同提高，将创新创业教育实现理论与实践相结合，使创新创业教育的实际效果得到切实提升。

（二）物质回报与精神满足相结合

在市场经济的前提下，企业发展的重要驱动力就是利益。能否吸引企业积极参与高校创新创业教育活动，就要看企业是否可以得到相应的回报。因此，政府可以对参与高校创新创业教育的企业给予一定的优惠政策，如可以在税收等方面给予优惠政策。与此同时，高校在技术研发、成果转化方面应优先支持那些在创新创业教育上愿意与高校开展深度合作的企业。

（三）短期效果与长远效益相结合

创新创业教育不是一蹴而就的，而是一项长期工程，在开展创新创业教育过程中，短期效果与长期效益是辩证的关系，高校应正确认识两者的关系。因此，需要把高校创新创业学生人数与评价企业参与高校创新创业教育效果有机联系，将高校人才培养与校企合作机制的构建紧密结合，提高办学实效。

三、家庭的配合支持

大学生在成长过程中的重要经济来源和精神支撑是家庭，它影响着大学生的人生观、价值观的塑造和形成，学生参与创新创业实践活动不仅依赖自身的创新创业意识、综合素质和能力，而且需要家庭的支持和配合。家庭背景和家庭教育或直接或间接地影响着学生的就业观、创业观、创业素质和创新性人格的养成。家庭对学生参与创新创业实践的态度也非常重要，如果家庭支持并鼓励学生进行创新创业实践，就会使学生充满信心；反之，学生就可能无心参与创新创业实践，或者一旦遭遇挫败就灰心丧气甚至一蹶不振。所以，为了创新创业教育取得实效，学校要积极争取家庭对学生的支持。

当前，以下两方面因素影响着家庭对创新创业活动的态度：一方面是思想观念，有些家长对创新创业认识有误区，认为辛苦培育孩子读书多年，没有找个像样的工作，到头来孩子还得自己创业，怕被人误解为孩子学习成绩差，没出息；另一方面是资金问题，孩子在接受教育时已经耗费了大量资金，现在进行自主创业还需大量投入，资金压力过大。学校应针对家长的各种顾虑和想法，通过多种途径加强与学生家长的沟通交流，积极向学生家长宣传创新创业的意义及政府的优惠政策，使其摒弃狭隘、守旧的传统观念和单一的价值评价等，认识到大学生不仅是求职者，而且是工作机会的创造者，让学生家长逐步接受并重视学校开展的创新创业教育活动，并协助学校一起培养学生的创新意识和勇于承担创业风险的素质，为其提供更多机会来进行自主选择，并努力营造一个平等、自由、民主的家庭环境。

此外，学校或社会尤其要对那些思想观念相对保守的家长进行培训，使其不断树立创新创业教育新观念，从而实现学校创新创业教育与家庭教育的良性对接。学校与家庭可通过学校官网、微信等各种现代通信手段广泛建立联系，家长可以及时、全面地了解学校在创新创业教育方面的各种动态消息以及子女在创新创业活动中的实况。因此，需要不断加强学校、家庭和学生三方的联系，进而开创由单纯地依赖学校教育变为学校教育与家庭教育有机结合协同育人的创新创业教育新局面。

第四节　新时代背景下高校创新创业教育的评价机制

实施评价是高校创新创业教育效果价值判断的重要环节，为得到客观全面的具有信度与效度的评价结果，需要系统搜集整理相关信息，从投入和效益两方面进行判断，不断完善评价指标，为发展和完善创新创业教育体系提供依据。

高等教育体系的重要环节之一就是评价与监控，它能有效地考核、评定和检测创新创业教育过程中教与学的实际效果，引导规范教师教学，引导激励学生的学习与实践。依据创新创业教育培养目标，建立科学合理的指标体系及评价控制体系，要以培养学生的创新创业能力、素质为中心，对创新创业教育的过程和绩效进行全面监督，以推动其顺利实施。

借鉴国内外相关的科研成果，以高校创新创业教育体系为框架，综合考虑组织环境、师资队伍、教学过程、学生素质及社会声誉等因素对其投入和效果的影响，从而构建适合我国高校目前创新创业教育现状的多角度、全方位的评价机制。各高校可根据自身特色、学科优势等对创新创业方案进行适当修正调整。为了不断完善创新创业教育考核评价机制，需要对创新创业教育评价内容中的不足进行及时反馈和调整。

一、树立正确的评价观

创新创业教育涉及面较广，包括政府出台的相关帮扶措施、高校的各种资源、社会各界的支持，以及创新创业环境等内容。就学校而言，要想获得显著的教育教学成果，就需要对其进行及时跟进、及时评价、及时优化，建立科学的评价机制。学校要建立学生的个人成长档案并进行跟踪管理，注重过程评价，对学生的创业项目和创新成果进行跟进，对学生能力的提升、心理的成长进行关注，对他们创业过程中的阻碍、收获等进行详细的记录和分析，对最终的创业成果及其带来的效益进行综合测评。同样，需要建立教师的个人教学成长档案，结合教师的出勤率、学生的评价情况及创新创业反馈、个人教学能力等对教师的教学进行动态评价。

将社会主义核心价值观引进创新创业教学成果评价体系，是完善高校德育工作和创新创业教学工作不可缺少的内容。首先，要对大学生创新创业行为进行思想评价。其次，对学生的创新创业价值引导纳入创新创业教师的年度考评之中。最后，把对学生的创新创业价值引导纳入高校人才培养评估的指标之中，以评价促建设，以此充分发挥价值引导在高校创新创业教育活动中的作用。总而言之，当前高校在大学生中广泛开展创新创业教育，这是高等教育的时代主旋律，是大学生社会主义核心价值观教育与创新创业教育的有机结合。在大学生创新创业教育活动中融入爱国主义教育、理想信念教育、道德规范和法治教育等社会主义核心价值观教育，培育大学生创新创业品质，规范创新创业行为，让创新创业教育成为大学生社会主义核心价值观教育的一个有效着力点。

（一）坚持正确的评价价值取向

引导大学生树立正确的价值观，是高校人才培养过程中必不可少的。要针对大学生实际，坚持社会主义核心价值观教育，引领学生做有理想、有本领、有担当的时代新人，这是高校立德树人的重要内容。毕竟大学生生活在校园中，与社会接触不多，自身的经历、社会阅历及经验都比较少，需要有正确的世界观、人生观和价值观的指引，在报效祖国、服务人民的过程中实现有价值的人生。在创新创业教育不断深入的时代背景下，大学生要肩负起责任与使命，更新观念，不能总停留在狭隘的认识阶段，需要充分认识到创新创业是将个人兴趣与专业特长以及社会需求的充分结合，这样做不仅能实现自我价值，而且也能促进社会发展。

1. 坚持时代性与前瞻性相统一

以什么样的价值取向来进行创新创业教育评价，对高校创新创业教育发展有着积极的导向作用。针对当前我国高校创新创业教育现状，有相应的评价指标来衡量和指引创新创业教育发展。因此，需要运用目标导向评价促使高校创新创业教育规范有序开展，在现阶段有其合理性与必要性。在目标导向评价中，要充分考虑创新创业教育的未来发展，也就是需要从发展的角度，将时代性与前瞻性有机统一，使创新创业教育更好地促进和适应未来社会的发展。

2. 坚持多元性与一元性相统一

价值取向多元与一元的矛盾是始终存在的，价值取向会因主体的不同而不同。创新创业教育因为有众多的主体，所以站在不同主体的角度来评价，评价价值取向自然也就呈现多元化趋势。因此，针对创新创业教育评价，要协调和处理好价值取向一元性与多元性的关系。首先要弄清楚创新创业评价中不同层次的主体及其相互关系，做到具体问题具体分析，崇尚宽容和共存。

3. 坚持社会需要与个人发展相统一

创新创业教育评价的基础和关键是价值判断。社会需求是创新创业教育的重要价值，这也表明创新创业教育与经济社会发展是紧密相联的。从社会需求的角度评价创新创业教育更多强调的是，创新创业教育的工具价值，而学生的主体价值却没有得到足够的重视。大学教育的根本任务是培养人才，高校创新创业教育评价作为一种价值判断活动，学生作为主体在其中占有重要地位。因此，创新创业教育评价不应仅仅对客观创新创业教育现象进行判断，还要重视对学生主体及其需要进行分析，并在此基础上进行评价。只有确立社会需要与个人发展相统一的价值取向，才能使创新创业教育评价建立在正确的价值取向之上，也才能既调动学生的积极性，又能更好地满足经济社会发展对创新创业人才的需要，进而促进社会的发展。

（二）确定精准评价功能定位

开展创新创业教育评价，其目的在于能达到主体所期望的效果和目的，通过评价对其过程和行为进行督促和修正。我国教育行政部门对开展创新创业教育评价提出了二十字原则：以评促建、以评促改、以评促管、评建结合、重在建设。这与高等学校本科教学评价原则基本一致，基本体现了发展性评价特征。发展性的创新创业教育评价强调评价要为创新创业教育可持续发展服务。

创新创业教育评价是为了鉴定、考核、选拔、淘汰学生，还是为了推动创新创业教育发展？这是两种不同的创新创业教育评价观。长期以来，创新创业教育评价偏重于评价的鉴定和筛选功能，其目的是为了选拔适合创新创业的学生。正如布卢姆在《创新创业教育评价》一书中所分析的那样，评价的目的基本上是把学生分等与分类，他们被区分为失败的学生、成功的学生和过得去的学生，考核或其他评价程序用来对每个学生在创新创业教育系统中的价值和前途作出决定，这些决定与等级划分往往影响一个学生的职业生涯。因此，早期传统创新创业教育评价主要是为提升创新创业教育服务。现代创新创业教育评价则强调评价的反馈与矫正功能，通过评价不断发现问题，改进创新创业教育教学，创设新的创新创业教育环境，促进学生身心全面发展，为大幅度提高创新创业教育质量服务。

创新创业教育评价活动是受评价目的制约的，有什么样的评价目的就有什么样的评价活动。创新创业教育的评价目的可分为创新创业教育评价总体目的和具体目的两大类。创新创业教育评价的总体目的在于发挥社会对学校创新创业教育的监督作用，不断增强学校创新创业教育主动适应社会需要的能力，促使其自觉坚持学校创新创业教育的社会主义方向，不断提高创新创业教育质量。创新创业教育评价具体目的则是多种多样的，需作具体分析。比如，为了改进课堂教学，可以组织课堂教学质量评价；为了全面考察学校情况，可以组织办学水平评价等。

二、建立科学的评价标准

道德规范和各种评价标准，不管它们在形式上表现得多么抽象，归根结底都是生活和实践的产物，是人们在历史延续中逐渐形成的，是用来为现实社会生活服务的。这说明评价标准的形成要受实践经验的影响，同时，评价标准一般都体现为体系形式，由多个要素构成。所以，评价标准的形成还要受到特定的社会经济条件、政治条件、文化条件，以及评价目的、评价者水平、价值本身发展规律等多方面的影响。

创新创业教育价值评价标准具有多样性，这是因为创新创业教育价值主体的多样性确定了创新创业教育评价标准的多样性。不同的价值主体在对创新创业教育进行评价时，都会建立各自的评价标准，建立自己心目中的创新创业教育模式。比如，可以分别以经济、社会、文化以及个人等为价值主体建立评价创新创业教育的价值标准，这些评价标准既有互补的地方，也有矛盾的地方。如何创建或选择一种评价标准，将创新创业价值主体的需求都充分体现出来，形成一个评价标准体系，仍是高校创新创业教育评价需要探索的领域，但选择创新创业教育评价标准也需要有相对一致的原则作为导向，这有利于促进创新创业教育评价沿着科学化方向发展。正确选择评价标准，首先需要解决的是根据主体的需要确定评价标准是否合理的问题。一般说来，价值主体的存在和发展如果具有必然性，那么它的基本需要就具有合理性。问题在于由基本需要引申出的许多具体需要是否都具有合理性呢？这是一个非常复杂的问题。有时价值主体的具体需要虽然合理，但这种具体需要如果放到社会群体的需要体系中，有可能同其他需要发生矛盾，成为不合理的需要。其次，价值主体的需要能否被评价主体正确地意识到，这也影响到评价主体的标准选择。所谓正确包括两个方面：一个是价值主体的各种需要是否全面地反映到评价主体的意识中来；另一个是价值主体的各种需要与评价主体的各种客观关系是否反映到评价主体的意识中来。最后，选择评价标准与对评价主体的认识有很大的关系，特别是与价值主体需要的认识有很大的关联。比如，如何认识价值主体眼前利益与长远利益、局部利益与整体利益的关系，这些利益关系一致时依据评价标准容易作出选择，当不一致的情况发生时，评价标准的选择就要发生变化。所以，在具体工作中，仅仅以学生创业率或者短期的创业能力提升作为标准来评价创新创业教育的成果是不够科学的；把学生的创新创业竞赛成绩看作衡量创新创业能力的依据，并将此作为衡量评价创新创业教育成果的标准，则具有较强的功利性色彩。

综上所述，确立一个统一的评价标准是行政主管部门应该首先解决的问题，只有首先确立了科学化、统一化的衡量标准，创新创业教育的共性标准体系才能得以建立，继而响应创新创业教育的本质要求。各类高校要在完善以上要求的基础上，将时代性与前瞻性相统一、多元性与一元性相统一、社会需要与个人发展相统一，并将三种评价标准取向有机结合，确立科学化的评价标准。

三、确立多元化评价主体

要确保高校创新创业教育评价的全面性和客观性，必须保证多方评价主体积极参与评价，以形成多元化的创新创业教育评价主体，从而保证评价的透明化、公开化、社会化和科学化。

（一）政府教育主管部门

通过对国外政府参与高校创新创业教育评价相关资料的分析，笔者发现评价高校创新创业教育的模式出现了新的发展趋势。第一，完善和改进与创新创业教育相关的教育评价组织机构，使之呈现科学化、专业化发展趋势。参与评价的组织有着较高的专业水平，评价专家团队具有高素质、高水平以及结构合理等特点，能够进行定性和定量的综合分析评价。第二，更加注重创新创业教育评价的法治化进程。许多国家重视高校创新创业教育评价工作的法治化进程，通过制定相关的法律法规，使评价工作更高效。第三，重点突出创新创业教育评价结果的效用，并持续改进。进行高校创新创业教育评价应具有针对性，注重结果的有效性，而不是为了评价而评价。第四，政府在创新创业教育评价中扮演着很重要的角色。

不同的国家由于基本国情和教育管理体制的不同，政府在高校创新创业教育评价中所扮演的角色也存在着差异。我国高校创新创业教育评价与国外相比，起步较晚，因此，不仅要进行自我实践，还要借鉴国外优秀的、规范的政府参与高校创新创业教育评价的模式，对于我国政府主管部门参与的教育评价，还需要不断修正和完善高校创新创业教育的相关部分。一是中央和地方政府制定关于高校创新创业教育评价的制度规范。现阶段，我国有关高校创新创业教育评价的专门法律法规较少，为了使高校创新创业教育评价有法可依，保障高校创新创业教育评价工作的有序开展，就应该建立专门的法律法规。宏观约束可由国家层面的法律法规制定，地方性的法律法规可以对其进行细化。二是高校创新创业教育评价结果应引起教育主管部门的重视，教育主管部门要对评价结果给出意见，督促高校加快改进，不能只是为评价而评价。比如，对评价不合格的高校减少相应的国家拨款甚至不拨款，或者限制该高校申请相关优惠政策。三是转变政府角色。在新时代背景下，政府在高校创新创业教育评价中不再是集权者、掌舵者，而是一个引导建立评价机构以及不断制定更加完善的制度的服务者。

总之，政府主管部门要积极发挥宏观统筹作用，通过制定政策促进高校创新创业教育质量评价的有序开展，引导高校将创新创业教育质量作为衡量办学水平的重要指标之一。

（二）社会教育评价机构

保障和提高新时代高校创新创业教育的质量，就需要加强社会教育评估机构对高校创新创业教育的评价。创新创业教育是为社会服务的，社会就有权利对高校创新创业教育的实际水平进行监督。并且社会教育评估机构作为第三方机构，与其他各利益主体间没有直接利益联系，更易保持中立，对我国高校创新创业教育评价具有重大意义。

(1) 对高校加强自评具有激励作用，能有效提高高校内部评估的能动性。要对高校创新创业相关工作进行有效的监管，保证高校教育教学水平和质量，就要注重做好社会评价，高校的社会声誉和社会影响力的高低直接影响着高校的生源状况，师资水平及办学资源等方面都会受到影响。

（2）能准确反映高校创新创业教育的现状和问题，为政府和高校决策提供帮助。评估的最主要的目标是通过评价发现高校创新创业教育存在的不足，为高校处理相关问题提供相应的依据。

（3）能促进创新创业教育评价理论的发展。通过逐步分析社会评估及其意义，我们可以研究高校创新创业教育与其他社会组织之间的互动关系，了解高校创新创业教育在社会发展中所担任的角色及其作用等，这些都具有很强的理论和实践意义，对我国高校创新创业教育评价理论的发展起到关键性作用。

此外，社会评估也为相关投资机构如何分配资源提供依据，让有限的资源创造更高的价值，同时也增加了社会力量参与高校创新创业教育的积极性，最终使更多的社会资源流向高校创新创业教育，如此一来，既推动了高校创新创业教育工作的有效开展，又促进了社会经济的发展。

因此，很有必要加强社会评价机构对高校创新创业教育的评价。一是社会评价机构加强对创新创业教育评价理论的研究和宣传。目前社会教育评价机构缺少对我国高校创新创业教育进行深层次的和系统性的评价研究，使得社会评价存在许多问题，且评价效果参差不齐，导致社会评价得不到认可，因此社会评价机构有必要对高校创新创业教育评价理论加强研究，提高评价能力，建立更为合理有效的评价指标。二是注重提升社会评价的地位。通过制定高校创新创业教育评价的行业规范，建立高校创新创业教育评价机构的认证机制，不断提高社会评价机构的权威性和可信度，这对于规范高校创新创业教育评价具有推动作用。三是高校自评应与社会评价充分结合。高校的自我评价是高校创新创业教育评价中的一个重要环节，通过自我评价，学校可以总结经验，发现问题，明确创新创业教育目标。但长期以来，学校开展自我评价的动力不足，力度不大。因此，要重视社会评价，通过社会评价来发现高校创新创业教育中存在的不足，分析制定高校创新创业教育有效发展的路径，以促进创新创业新型人才培养。

总之，从社会方面看，在教育主管部门的统筹下，促使社会中介机构参与创新创业教育的评价工作，努力探寻一条符合新时代高校创新创业教育实际的评价之路。

（三）企事业单位

创新创业教育评价的工作流程中，企事业单位作为主体，要切实关注高校学生综合素质的提高，高校学生的综合素质在一定程度上能够说明创新创业教育的有效性，特别是在创新创业意识培养、创新创业精神的形成以及创新创业能力的提升这三方面表现得更为突出。因此，高校要根据企事业单位对学生综合素质的实际需求，进一步改进、完善创新创业教育，培养出更多高水平的创新创业型人才。

综上，创建并完善相关的评价机制对于高校自身而言是亟待解决的问题。创新创业教育工作中主要涉及创业导师、拥有创业意愿的学生群体以及相关管理人员，这部分人群对于创新创业教育的实际运行情况是最为熟悉的，有着直观、深入的了解与认识。作为高校，在开展创新创业教育评价工作时，应该首先考虑这三类人群的意见和建议，充分发挥他们的主体性作用。

四、推动创新创业教育评价（教学工作评价）常态化

对于高校创新创业教育评价，人们形成了两个基本的共识：一是创新创业教育评价制度具有完善性。要提高教育质量并切实推动创新创业教育工作的有效开展，必须不断完善教学工作评价制度；二是高校创新创业教育教学活动受多种因素的影响，是一个不断发展的过程，所以，评价不能毕其功于一役，需要长期开展，从而使高校创新创业教育工作者能够更加牢固地确立质量是高等教育的生命线的意识。高等院校应建立创新创业教学质量保障的长效机制，也就是实现创新创业教育评价的常态化。

创新创业教育评价常态化，是指高校在注重教学的基础上，重点坚持提升创新创业教育教学质量，认真学习和分析创新创业教育评价，熟练掌握教育评价的思路、理念以及具体做法，周期性地进行内部教学质量监测，发现、分析并解决创新创业教育工作中的短板和不足，积极主动完善内部创新创业教育质量保障的长效机制，继而推动创新创业教学质量体系的不断完善。实现创新创业教育评价常态化，应该把握以下四个层次的内容：第一，将创新创业教育作为中心，把创新创业教育质量放在首位，积极主动提升教学质量，加强对教学质量的监管力度；第二，不断完善内部创新创业教学质量评价和监督机制；第三，切实做好质量评价工作；第四，对于教学过程中出现的问题，要有针对性地进行分析并逐步解决，只有这样，才符合常态化创新创业教育评价工作的要求。

（一）创新创业教育评价常态化的类型

1. 以外部评价为蓝本开展的内部评价

这种类型最为常见，它是以教育部确定的教育评价指标体系为依据，通过

对评价指标体系进行调整和完善，将其制度化，定期开展高校内部的创新创业自我评价。

2. 教育质量认证引导下的创新创业教育评价

部分高校在高等教育国际化的形势下，引进了“全面质量管理”（total quality management，TQM）的理念，以 ISO9000 等质量管理体系为标准，创建了自己的创新创业教育质量体系并开展相应的创新创业教育评价。

3. 高校自主开展的创新创业教育评价

这是一种新型的高校内部质量评价模式，指一些高校受高等教育评价理念、方法的启发，为真实地反映高校自身创新创业教育工作的现状和具体特征而自主开展的评价。自主开展创新创业教育工作评价，以各个高校不同的情况为准，形成具有针对性、特色性、可行性的教学制度，事实上反映了校内各创新创业教育单元创新创业教育工作的日常状态，是一种经常性开展的创新创业教育评价制度。

以上三种类型的常态化创新创业教育评价有很大不同，教育部制定的评价方案是针对全国高校的，评价对象众多、内涵丰富、标准统一，具有权威性，但由于不同的高校在创新创业教育工作实践中存在方式及效果的差异，往往缺乏高校自身特色。完整的、科学的教育质量认证评价内容宽泛，对创新创业教育评价的针对性较差。高校内部自主评价是以校内各二级单位的创新创业教育评价为主，基层方面的创新创业教育工作的具体开展情况需要进行动态化监管，评价的重点是校内二级单位创新创业教育运行状态以及管理的规范性、科学性，这是高校在新形势和新时代要求下转变教育观念与创新创业教育管理模式的具体体现，具有较强的针对性、实用性和开展的必要性，以高校内部自主评价为主的创新创业教育评价模式越来越被高校重视并采用。

（二）创新创业教育评价常态化的作用

高校要具体体现重视创新创业教育工作，就必须坚持创新创业教育工作的常态化评价。这有利于充分发挥高校二级单位在创新创业教育管理中的主体作用，同时，必须加快转变教育管理模式，推动各部门的教育管理工作的职能分工，明确工作流程，指导创新创业教育工作在基层组织顺利开展，保证创新创业教育质量监管和审查的日常化，另外还应该及早发现并解决实施过程中存在的问题，以不断提高创新创业教育质量与水平。

（三）创新创业教育评价常态化的基本原则

1. 评价指标体系的简约性原则

开展常态化创新创业教育评价时，评价指标应重点针对创新创业教育活动的基本要素进行设计，不能过于复杂，否则就会给基层创新创业教育单位造成很大的负担，从而对其日常的创新创业教育工作产生重大影响，这样的评价活动很难长期坚持。

2. 分类指导的原则

开展常态化创新创业教育评价时，要充分考虑各基层单位的实际情况，不能一概而论，要突出特色，坚持分类指导、分类引导的思想。

3.评价与日常监控相结合的原则

把评价与日常开展的创新创业教育质量监控相结合，不仅可减少评价的工作量，也可以有效地增强日常创新创业教育质量监控的针对性。

（四）创新创业教育评价常态化中需要注意的问题

1. 要以科学的评价为导向

将“以评促建、以评促改、以评促管、评建结合、重在建设”作为工作方针，坚持学生中心、问题导向和持续改进的工作思路，切实做好常态化创新创业教育评价工作。

2. 注重评价意见的反馈和整改

反馈意见既要充分肯定成绩，又要指出存在的不足和问题，还要对问题进行深入的讨论和分析，帮助高校二级单位总结经验、查找不足，学校层面还要定期组织对整改情况进行再检查、再督促、再评价。

3. 切实转变学校创新创业教育管理部门的职能

在开展常态化创新创业教育评价的前提下，学校创新创业教育管理部门应把主要的精力放在对创新创业教育管理模式的研究，建立相应制度、明确和细化各级创新创业教育管理部门的职责以及定期开展检查督导等，给基层单位更多的管理自主权，以实现高校二级单位的自主、自律发展。

第七章
四川省高校创新创业教育改革实践

第一节　西南科技大学创新创业一体化实践平台建设案例分析

西南科技大学是四川省人民政府与教育部、国家国防科技工业局（简称国家国防科工局）共建高校，我校重视创新创业人才培养，通过成立创新创业教育改革领导小组，整合学校、行业、区域、校友等各项资源，为创新创业教育工作做好了服务与保障工作。同时，在创新创业教育的新形势下，我校积极深化创新创业教育改革，重视顶层设计，在《西南科技大学"十三五"事业发展规划纲要》和《西南科技大学深化创新创业教育改革实施方案》中明确提出了创新创业教育的改革目标与具体举措。我校建立健全创新创业教育工作机制，注重创新创业课程建设和实践训练有机结合，初步构建了创新创业一体化实践平台。

一、西南科技大学创新创业教育概述

2017 年，西南科技大学成功入选"四川首批省级深化创新创业教育改革示范高校"。校尹显明教授主持的"创新思维方法与实践"（通识素质类创新创业教育课程）、周冰副教授主持的"网络文学创意写作与实践"（学科专业类创新创业教育课程）2 门课程入选首批省级创新创业教育示范课程。我校国家大学科技园管理办公室张勇、工程技术中心尹显明，以及四川振通公路工程检测咨询有限公司杜义祥、四川睿光科技有限责任公司范勇恒和同度能源科技（江苏）股份有限公司王振宇同时入选教育部和省级首批全国万名优秀创新创业导师人才库，另有信息工程学院梁辰、制造科学与工程学院袁卫锋和德诚国际集团（香港）有限公司张连等 3 人入选四川省首批省级优秀创新创业导师人才库，这标志着我校创新创业师资队伍建设取得了新进展和新成果。制造学院的廖晓波、臧红彬，国防重点学科实验室的宋凤军三位教师荣获“首批四川省优秀科技人才创业典型”称号；在大学科技园进行孵化培育的材料学院毕业生陈浩和理学院毕业生陈俊江荣获“第二批四川省优秀大学生创业典型”称号。多年以来，西南科技大学积极推进大学生创新创业工作，加强大学生创新创业一体化实践平台建设，进一步提高了我校大学生的综合素质与创新创业能力。

二、大学生创新创业一体化实践平台构建

（一）国家大学科技园创业平台

西南科技大学国家大学科技园于 2001 年筹建，2003 年正式成立，是学校重要的科技成果转化、高新技术企业孵化、创新创业人才培养、产学研结合平台和服务机构，是学校创新创业教育工作的重要组成部分。西南科技大学国家大学科技园积极发挥职能，通过加强组织领导、完善制度建设、推动管理创新、加大人力投入、增加财力支持、落实场地保障等多种方式推动学校创新创业教育工作顺利开展。一方面，西南科技大学国家大学科技园内总建筑面积为 2.8 万平方米的孵化场地全部面向大学生开放，该科技园积极组织入园企业为学校学生提供实习、实践、实训机会，并倡导入园企业积极吸纳学校应届毕业生到企业就业；另一方面，作为国家级“高校学生科技创业实习基地”，西南科技大学国家大学科技园划拨 3000 平方米专用场地用于大学生科技创业活动，并为大学生科技创业提供免费工商、税务、会计咨询服务，提供场地租金补贴，全面推进大学生创新创业工作顺利开展，截至 2018 年，国家大学科技园有学生创业企业 13 家，入孵的中小微企业已达 68 家，已为大学生提供实习岗位近 500 个，为 2000 余人次提供实训机会，提供就业岗位近 100 个。

（二）大学生创业超市实践平台

西南科技大学于 2005 年成立大学生创业超市，该超市占地面积 400 余平方米，旨在帮助家庭经济困难学生解决实际困难，培养学生创新创业意识和自立自强精神。大学生创业超市是我校学生勤工助学基地、创业实习基地、素质拓展基地和社会实践基地。大学生创业超市自成立以来，共为我校学生提供勤工助学岗位

5000 余个，累计发放勤工助学津贴 100 余万元，先后有 1500 余名学生在创业超市得到锻炼，形成了极具特色的人才培养模式。

（三）工程训练中心实训平台

西南科技大学工程训练中心创建于 1952 年，是国家级实验教学示范中心建设单位，主要承担面向本校和周边高校相关专业学生的认知实习、工程训练、科技竞赛和创新实践等教学任务，以及“智能机器人”创新实践班的教学管理与教育教学，截至 2018 年，中心开设了“工程训练”“创新实践”“电子实训”等共计 30 门实践教学课程，“科学技术史”“科学技术概论”“工程技术概论”3 门工程实例课程，20 多门综合素质选修课程，开展实训、实验项目 230 余个。

（四）校外实践教育基地

西南科技大学加快转变教育思想观念，改革人才培养模式，加强实践教学环节，出台了《西南科技大学大学生实践教育基地管理办法》，旨在通过实践基地建设和运行，进一步探索校企联合培养人才的新机制，切实提高大学生的实践能力、专业能力、就业与创业能力，培养大学生职业道德和创新精神。截至 2018 年，我校获批“四川长虹电子集团公司校外实践教育基地”“四川九洲电器集团有限责任公司校外实践教育基地”“中国五冶集团有限公司校外实践教育基地”以及“西南科技大学—四川西科种业有限公司农科教合作人才培养基地”四个国家级大学生校外实践教育基地项目，以及“法学教育实践基地”“农科教合作人才培养基地”两个省级大学生实践教育基地，每年可至少为我校大学生提供 1000 余人次的实践机会。

三、创新创业一体化实践平台建设经验启示

（一）加强大学生创新创业基地建设

大学生创新创业基地具有科技创新和创业指导两个方面的功能，不仅有利于大学生创新精神和创新创业能力的培养，同时也有利于大学生实践能力的提高与实践经验的积累。大学生创新创业基地主要以国家大学生科技园和大学生创新创业平台为主。如西南科技大学国家大学科技园自 2003 年创立以来，一直是学校创新创业人才培养、高新技术企业孵化的重要摇篮。

（二）规范创新创业教学日常管理，加强创新创业课程建设

西南科技大学于 2002 年开设了“创造学与创新实践”课程，2009 年进行创业教育改革，将课程改设为“大学生创业理论与实务”，现在面对全校学生新开设了“创业理论与实践”“SYB”等相关课程，其中“SYB”的专业讲师已有 40 余人。2012 年，学校启动“创新创业学堂”第二课堂教学，注重培养学生勇于创新、开拓进取的精神，截至 2018 年，已经开展六期创新创业实践讲座，参与学生近 800 人次。同时学校不断加强对创新创业指导老师的业务培训，鼓励专职从事创新创业教育的教师开展创业活动以及师生联合建立创业团队等。

（三）鼓励学生积极参加全国大学生创新创业大赛

鼓励学生积极参加青春创业大讲座、“挑战杯”中国大学生创业计划竞赛、大学生创新创业成果展等活动，营造“以创新带动创业，以创业带动就业”的良好氛围。我校在大学生创新创业基地建设文化长廊、展览大厅等，从而有效营造创新创业氛围，激发师生的创业热情，文化长廊成为学校创新创业教育工作推进过程中一个永不落幕的成果展示平台。

第二节　成都理工大学创新创业教育综合改革案例分析

四川省响应国家深入推进高校创新创业教育改革的号召，出台了一系列促进全省高校创新创业教育改革的政策，明确了全省高校创新创业教育的改革方向及目标任务。成都理工大学结合学校自身实践，也探索出一套具有一定推广价值的创新创业教育体系。

一、成都理工大学创新创业教育概述

成都理工大学是四川省省属本科高校之一，成都理工大学通过对多所省内外同类型高校的前期调研和大量数据比较分析，发现了地方高校创新创业教育改革存在的问题，如体制机制运行不畅、资金资源短缺、师资力量薄弱、课程体系与教学模式陈旧、部门之间协调困难等。成都理工大学试点项目组针对这些问题，

紧紧围绕改革目标，以体制机制转变为核心，以创新创业人才培养体系重塑为重点，全面整合资源打造平台、建设队伍，创新制度为改革方案的顺利推进打下了坚实的基础。

二、成都理工大学创新创业教育机制综合改革

（一）党政协同，组建创新创业教育领导机构

成都理工大学成立了由党委书记、校长任组长的成都理工大学教育综合改革领导小组，负责统筹全校资源推进改革试点项目建设。该机构下再设置专门机构——“地方本科院校大学生创新创业培育体系建设试点”工作领导小组（简称“试点项目组”），由校长任组长，相关职能部门分管副校长为副组长对改革进程和质量进行实时跟踪督导。此外，学校党政为避免试点项目推进过程中部门间沟通不畅、难以形成合力等问题，突破常规，将创新创业教育体系建设主要涉及部门（教务处、学生处、招生就业处、团委）进行调整，由同一位副校长统一分管。

（二）校院联动，推动两级综合服务平台建设

试点项目的有效推进，亟需一个能够集创新创业教育服务项目于一体的专业平台作项目运行支撑，2015 年 12 月，成都理工大学教育综合改革工作领导小组提出，党委常委会研究决定将第七教学楼（总体面积约 5200 平方米）改造用于创新创业综合服务。

在推进校级俱乐部建设的同时，试点项目组组织动员并督导各学院开展院级创新创业教育综合服务平台建设，截至 2016 年 11 月，已有 7 个院级平台达到建设标准，正式挂牌运行，校院两级创新创业人才培育综合实践平台粗具雏形。

此外，试点项目组高度重视整合学校商科和工程类学院原有的专业创新实验室平台，要求实验与设备管理处相应修订实验室管理办法，引导促进学校实验室资源向全校创新创业学生开放。

（三）专兼结合，打造创新创业师资队伍

成都理工大学通过内培外引相结合打造专兼相结合的创新创业师资队伍。学校先后引入 SYB、KAB 等创新创业师资培训项目，截至 2018 年，学校已有 118 名教师参加各类国家认证师资培训项目并获得讲师资格证书，成为学校经过专门

培训的创新创业教师，为课程体系建设打下了较好的人才基础。与此同时，学校还注重引进校外兼职企业家导师，与校内师资队伍共同承担创新创业教学任务，已经聘请了 26 名行业企业家导师和 12 名校友企业家导师参与学生创新创业项目指导工作。

（四）多措并举，创新奖惩制度，激发内生动力

2015 年 8 月以来，学校试点项目组定期组织人事处、科技处、学生处、教务处等职能部门召开创新创业政策制定协调会，根据国家级、省级相关文件精神，按照有利于激发学生参与创新创业实践热情，有助于增加教师指导学生创新创业项目动力的原则，先后研究制定相关制度政策 5 项，建立健全奖惩机制。

（五）总体规划，探索特色模式，提升改革实效

在成都理工大学原有大学生创新创业三级培育体系的基础上，试点项目组围绕改革目标，结合学校实际在实践中不断探索调整方案，优化创新创业人才培养模式，初步形成以国家级大学生创新创业训练计划为主线，以创新创业训练营为载体的成都理工大学创新创业人才培育“321 工程”：面向全校本科和专科生进行以通识类必修课程——“青年与创新创业”为主，以主题活动、榜样宣传、系列竞赛为辅的覆盖式精神培育；选拔 2000 名左右具有较强创新创业意愿的学生参加创新创业训练营，通过创新文科、创新理科、创业综合三门课程开展差异化苗子选育工作；针对 100 个左右的优质项目整合学校、企业、政府、社会等多方力量协同共育。

三、成都理工大学创新创业教育综合改革的经验启示

（一）构建地方本科院校创新创业培育体系

成都理工大学基于本科生比重大、选择就业的学生比例高、创新创业教育发展基础比中央部属院校弱的客观现实，动员校内师生广泛讨论、科学论证，明确了学校深化创新创业教育改革的发展定位，结合绝大多数本科毕业生有就业需求，但自主创业学生比例不足 5%的客观现实，决定将创新创业教育工作重心从培养独立创新创业者转向培养具有创新能力和企业家精神、能够实现高质量就业的岗位创新创业者。形成了以岗位创新创业教育为基础，以独立创新创业教育为突破的教育理念，创建了以“意识培育”为基础，以“苗子选育”为路径，以“协同共育”为特色的创新创业人才培育体系。

（二）实施创新创业教育改革“五个三工程”

建设三个课程群，即在“意识培育”阶段开设通识类创新创业课程群，“苗子选育”阶段开设专项能力开发示范课程群，“协同共育”阶段开设定制化项目孵化促进课程群。拓展构建三级平台，即拓展、构建校校、校地、校企协同共育项目孵化平台。建设三支教师队伍，即培养创新创业专职教师，引入外部实战派行业导师，打造综合型创业导师队伍。组建三支管理队伍，即学校试点项目组成员、创新创业中心专职服务队伍、创新创业促进会（学生组织）三支管理队伍。对应课程培育阶段，建立知识考察、项目答辩、企业诊断三元评价体系。

（三）推行“1 + 3 + N”创新创业实践培育模式

“1”是指国家级大学生创新创业训练计划（简称“大创”），学校每年重点资助和培育 150 项国家级和省级学生创新创业项目；“3”是指“互联网 +”大学生创新创业大赛、“挑战杯”中国大学生创业计划竞赛及“创青春”全国大学生创业大赛等三项权威赛事。学校将参加这三大赛事作为“大创”项目结题的必要条件，以赛促训；“N”泛指国内外其他创新创业专项竞赛。学校通过完善参赛资助政策和奖励办法，鼓励师生积极参与专业相关赛事，以赛促教。

（四）打造“一心双环”创新创业生态文化圈

学校创新创业教育工作突破在校生与毕业生界限，以母校为中心，由学校大学生创新创业中心牵头，积极营造浓厚的校园创新创业氛围。突破学校与政府界限，联合地方政府共同推进“环成都理工大学知识经济圈”建设，打造政产学研合作生态系统。突破区域界限，该校先后加入“中国高校创新创业教育联盟”“全国大学生创新创业实践联盟”等组织，积极参与全社会创新创业生态圈建设。

第三节　成都农业科技职业学院创客培养实践

近年来，国家非常重视大学生就业创业工作的开展，成都农业科技职业学院作为四川省唯一一所以农业为主的高职院校，在“双创”教育中，坚持“面向三农”的学校特色，构建了较为完善的“双创”教育组织体系、“双创”教育课程体系、“双创”教育实践体系、“双创”教育平台体系、“双创”教育服务体系等多维一体的“双创”教育工作体系，并取得了显著成效。

一、成都农业科技职业学院创客培养

（一）三级联动，构建创客孵化保障体系

（1）成立创新创业领导小组。领导小组由学院党委书记、院长担任组长，其他院领导任副组长，统筹领导学院创新创业教育工作。

（2）成立成都农业创客学院。成都农业创客学院负责引领全校创新创业教育工，具有“双创”教育改革试点、“双创”人才培育、“双创”孵化基地建设、“双创”教育研究四大功能，构建了产、学、研、训、创、投六环相扣的创客培育新模式。

（3）成立大学生创新创业俱乐部。大学生创新创业俱乐部隶属成都农业创客学院，是集服务、实践、管理于一体的大学生团体组织。大学生创新创业俱乐部具体承办“双创”培训及讲座、承担农创空间咖啡项目运营等事项，并成立了成都农创通农业服务有限公司，实行企业化运作。

（二）分层聚焦，构建创客孵化教育体系

学校将项目建设与“双创”教育工作有机结合，初步形成了全覆盖、分层次、有重点的创客孵化教育体系。

（1）编写特色教材，推行学分互换。探索不少于 2 个创新创业必修学分、不少于 6 个创新创业选修学分才能毕业的“双创”学分转换制度；休学创业最多可保留学籍 8 年。编写《创新创业与生涯发展实务指导》，并获评“互联网 + ”成果示范教材、“全国高校就业指导课程特色教材”。

（2）两式课程群，实现“双创”课程分层教学。面向大二、大三学生开设 GYB、SYB、KAB、DT 等普及式课程；依托行业龙头企业，将创业教育与行业的特定专业教育相嵌合形成聚焦式课程群。

（3）开设创客先锋班和学徒制农业职业经理人创业专业，培育种子选手。选取电子、经管、园林园艺三个分院试点，与企业合作组建智慧农业、农村电商、休闲农业创客先锋班并面向全校学生选拔学员。休闲农业创客先锋班实行特区管理，从产业链和岗位群角度突出学生“双创”能力培养。2016 年，智慧农业创客先锋班首期招收 30 人，形成校园智能手环等 8 个创业项目，四川艾欧特智

能科技有限公司在学院设立 100 万元“艾欧特”智慧农业奖学金，用于支持成都智慧农业创客先锋班的发展及人才培养。

2016 年，学院开办了农业经济管理学徒制（学徒制农业职业经理人方向），实行单招专业，招收 18～45 岁、从事农业生产经营管理工作 3 年以上并在岗、具有初级及以上农业职业经理人证书或新型职业农民证书的从业者。该专业通过学徒制方式传授农业知识，同时学习借鉴高级管理人员工商管理硕士（EMBA）教学方式，首批招收 21 名学员，成为全省第一个新型农民全日制大专学历教育班，他们将进行为期 3 年的学习，努力成为“有文化、懂技术、善经营、会管理、能创业”的高素质劳动者和复合型技术技能人才。

（三）以赛促训，初步构建了创客孵化服务体系

（1）深入开展创业培训服务。自 2015 年以来，举办 SYB 大学生创业培训，大学生 KAB 创业培训，大北农 SET 创业培训；承办全省首届残疾人大学生创业培训；引进“阳光导航”高校毕业生创业培训项目等，为学生提供全方位的优质的创业培训服务；开办“猕猴桃果园园主实验班”，承办成都市高校毕业生创业导航训练营；引进“春蕾计划”创业微计划，为女大学生创业提供培训。

（2）创业实践活动服务深受学生喜爱。2016 年，学校在全省高校率先举办以“创客”为主题的“双创”活动月，吸引了多所高校代表前来观摩，多家媒体进行报道；组织创客代表参加“农博会”“西博会”及成都各县（市、区）的菁蓉创享会等，学院有超过 4000 人参加了“双创”活动，效果良好。学校推荐学生参加创新创业各类大赛并获奖，1 个项目参加“中国创翼”青年创业创新大赛并获四川省赛区“创翼之星”；4 个项目参加“创青春”全国大学生创业大赛并获得四川赛区铜奖。

（3）开展项目辅导，优化创客服务。学校开展项目辅导、政策咨询等服务，目前已经服务上千人次，见表 7-1。

表 7-1　成都农业科技职业学院创新创业项目辅导

服务内容	服务对象	服务规模
“双创”政策咨询	全院学生	1000 人次/年
协助工商注册	入孵团队	20 个
创业补贴申报	入孵团队	共发 68 万元
免费创业培训	成都市大学生	700 人次/年
免费入驻孵化	评审通过团队	30 个

续表

服务内容	服务对象	服务规模
创业学分替代	全院学生	450人次/年
融资机构对接	入孵团队	9次/年
一对一导师服务	入孵团队	25人次/年
项目评审诊断	全院学生	60人次/年
创业贷款受理	入孵团队	3次/年
校内市场开拓	全院学生	200人次/年
成都农业创新创业联盟	成都农业职业经理人	600人次/年

（四）构建创客孵化平台体系

（1）成都农业科技职业学院组建成都农业创新创业联盟，搭建创客交流平台。成都农业创新创业联盟由成都市农委发起，为农业创业大学生、“蓉漂”创业者、农业职业经理人等提供交流合作、智力支撑、金融支持、创业孵化和政企对话的公共平台。截至2017年，已发展成员320多人，来自众多行业和部门；联盟总部和秘书处设在该学院，该联盟举办了30余场活动，活动范围覆盖了成都市所有县（市、区），几千名农业创客参与，解决问题百余项。

（2）成立成都农业职业经理人学院，搭建创客学习平台。该学院以农民专业合作社人员培训、农业职业经理人培训、职业农民培训等为重点，着力培育新型职业农民。

二、创客培养案例的经验启示

（一）形成了农创＋联盟的协同创新孵化体系

成都农业科技职业学院以成都农业创新创业联盟为平台，发展了众多成员，涵盖农业种植业、农产品加工、电子商务等众多行业。成都农业创新创业联盟的线上“农创通”微信服务平台主要提供在线交流、技术指导、经验分享等服务，线下“农业嘉年华”主题活动以农业创客沙龙、农业专题辅导、农业嘉年华等为载体，提供线下交流与合作、金融对接、创业辅导等服务；成都农业创新创业联盟建立的创业导师服务团队，服务对象基本覆盖成都所有县（市、区）。

依托联盟的优势资源，聚集了大量优秀农业企业，优秀农业企业和成都农业创客学院共同孵化创业项目，“三区一镇”（彭州现代农业科技园区、崇州现代农业科技创新创业示范园区、大邑现代农业大学生创业园及郫县菁蓉小镇）共同创建孵化基地，打破了学校与政府之间、学校与企业之间、学校与行业之间、学校与科研院所之间在农业领域的创新壁垒和创业藩篱，形成政行校企四方联动、协同孵化的新型运行机制。

（二）探索了农创＋职业农民的高端培养孵化体系

学院通过改革招生制度，探索招收农业创新创业方向学生，并开办创客先锋班。同时，该校还成立农业职业经理人学院，开设农业经济管理（农业职业经理人）创业专业班；构建了创客学院、农创空间、创业苗圃、农业创新创业园区四级培养路径，紧紧围绕农业生产经营管理所需要的核心能力开展培养，探索了专业与专业之间、校内和校外之间、培训与教学之间、学历教育与非学历教育之间的结合，实现了行业、职业、创业和农业职业经理人培养上的无缝衔接。

第四节　成都职业技术学院创新创业教育综合改革案例分析

2013 年，成都职业技术学院在成都市教育局、人社局与团市委大力支持下，组建了成都创业学院，借助政府、企业的帮助，合力搭建了一个集创业教育、实践、服务、孵化等功能于一体的青年创业综合服务体。青年创业综合服务体（院区）占地 8000 多平方米，并于 2015 年 7 月获批第二批四川省教育综合改革试点项目，2016 年被评定为“第二批国家级众创空间”，2015 年获得成都市教育局“优秀教学成果”二等奖。成都创业学院持续发挥“理事会＋院务会”的体制优势，稳步推进青年创业综合服务体建设。

一、青年创业综合服务体建设

（一）明确创业教育定位，凸显三个特性

经过多年探索研究，成都创业学院在定位上明确了三个特性：教育性、应用性和开放性。

（1）教育性。将创新创业教育明确定位为“人才素质教育”，从人才培养定位的角度消除了学校创新创业教育概念不清的误区。学校明确认识到，经过创新创业教育培训的学生，即使一生不从事创业活动，也会在就业岗位上干得更好，因

为他（她）更明白商业的运作规律，更理解企业运作的逻辑。

（2）应用性。强调创业项目的应用推广价值，充分体现“大众创业、万众创新”中的“众”字，倡导广泛应用创业、草根创业，以创造更多就业岗位，实现“创业带动就业”。

（3）开放性。园区不仅接纳成都职业技术学院的毕业生，还面向全成都，接纳不同学校、不同专业的大中专毕业生创办企业，建设了一个开放、共享的青年创业生态环境。

（二）创新管理体制，搭建创业人才培养平台

成都创业学院实行“理事会 + 院务会”管理体制。理事会由政府相关部门、行业协会、知名龙头企业及部分高校共同构成，有效汇聚了政策、项目、场所等多个要素，是成都创业学院的决策层；首届理事会理事长单位为成都市教育局，副理事长单位包括成都市人社局、团市委等 11 家单位。理事会下设院务会，行使对创业学院的具体管理职能。成都创业学院设立 1 位院长、2 位副院长，其中 1 位副院长为企业代表，确保“企业 + 教育”模式顺利推行。

（三）创新运行机制，提升创业人才培养质量

运行机制上，成都创业学院构建了“三区一平台一空间”运作模式，在学院内规划出了创业教育区、创业孵化区、成长型企业区，以及综合服务平台和创客 + 部落众创空间，从整体上实现对创业青年的教育功能、发展功能、服务功能和土壤功能。

获批改革试点项目以来，成都创业学院继续发挥“三区一平台一空间”服务优势，在引入学生创业企业方面，拓宽范围、注重产业互融，创业生态良好。截至 2016 年底，创业孵化区和成长型企业区已进驻了来自于 15 所高校的 30 家学生企业，三年产值达 1.49 亿元，新创造就业岗位 1005 个。不同学历、不同专业背景的创业学生汇聚在成都创业学院，项目自动对接，资源自然组合，形成了良好的创业生态环境。

截至 2016 年，成都创业学院对外举办创新创业教育培训班 6 期，服务人数 300 余人；学生项目新取得实用性专利一项，教师取得实用性专利两项，成功上市“新三板”一家，获高新技术企业认定一家；与成都市高新区共建社区“双创”广场，打造国内首家街道级创新创业训练营，《科技日报》对此作了专题报道；举办社区青年创新创业训练营 3 期，创业诊断活动两期，服务社区创业青年 160 余

人；成功承办了四川省第四届“导航名师”大学生创新创业指导课程教学大赛（专科组），学院选拔教师参加此赛，1 名教师获得全省第一名的好成绩。

（1）创业教育区。对在校生推行“全覆盖、分层次、菜单式”创新创业培养路径。大一开设必修课，重点培养学生创新创业意识；大二开设选修课和创业小班（如 KAB、SYB 等），重点培育学生创新创业方法；大三开设由企业定制的项目制创业小班，重点开展创业实践。通过三个年级不同的教育重点，实现对学生进行创新创业教育的全覆盖。同时，成都创业学院还充分发挥既有优势，对外开展层次不同的各类创新创业培训，实施“菜单式”项目制培训班和创业素质拓展，也取得了良好成效。

（2）创业孵化区。一年内可免场地费、物业管理费及水电费；免费享受基本办公设备，包括办公桌椅和电脑；入驻学生企业成员每人免费享受一次英国引进的 RTC 人才测评，团队免费获得两次管理诊断机会；免费获得园区 1 名以上企业导师指导，每年接受导师不低于 40 学时的创业辅导；免费参与园区组织的产品众筹、项目路演等活动，免费享有在创业博览会进行项目展示的机会。

（3）成长型企业区。成长型企业区主要入驻成熟企业，截至 2017 年，园区已有 10 家成熟企业。成都创业学院为成熟企业每年提供不少于 40 课时的免费创业教育课程；提供 2 名以上创业导师，指导成熟企业的创业实践；企业向学院相关专业的建设提出建议并与学校开展深度合作；每年承办创业项目制小班至少一期，每期学生不低于 30 名；每年提供一定外包订单或创业项目，指导并交付学生企业完成，以加速学生企业成长。

（4）综合服务平台。一是为企业提供非核心业务服务，如提供人力资源管理、会务、公司注册、工商税务、政策咨询等服务，这有利于初创企业集中发展核心业务；二是提供创业辅导。组织专家团队，为学生企业提供免费的经营诊断、特质测评及专家辅导，帮助初创企业运营管理，优化配置。

（5）“创客 + 部落”众创空间。“创客 + 部落”众创空间以创业者社群的形式，聚集具有共同创业理想的社群，搭建社群公共服务平台，按行业或业务推进创业。“创客 + 部落”众创空间主要发挥“创业土壤”功能，即通过创业博览会、创客部落、创客咖啡、路演中心等载体，搭建一个聚敛人气、创意生成、项目分享、成果转化的新型载体。“创客 + 部落”众创空间自运营以来，积极举办各类创客沙龙、项目分享、投资路演等活动，效果良好。

（四）创新区域推动模式，构建现代职教体系

创新区域推动模式，构建现代职教体系，这是成都职业技术学院一直在努力探索的发展新方向。

“3 + N”集团化办学是成都市推进区域现代职教体系建设的重要举措，即以成都职业技术学院等 3 所市属高职院校为龙头，带动成都市区域内中高职院校协调发展。在“3 + N”集团化办学和中高职衔接的背景下，成都职业技术学院和 8 所中职学校开展了实质性合作，推进中高职一体化人才培养模式探索，尤其是在创新创业教育上深度衔接，将中职的实用性、操作性、工具性目标与高职的技术性、创造性、人格化目标优化整合，以行动诠释创新创业和现代学徒制精神。

二、创新创业教育综合改革的经验启示

(一) 优化管理运行机制

成都职业技术学院整合政行企校资源，组建成都创业学院，实行“理事会 + 院务会”管理体制，推进校区、园区、社区深度融合，与成都市高新区联合打造“三区融合”“双创”社区，共建“双创”实践基地、共同孵化标杆社创项目，截至 2016 年，服务社区创业青年 300 余人。深化“3 + N”集团化办学，与中职学校开展合作，培训教师 300 余人，为各中职学校提供学生创新创业实训项目，组织创业名师巡讲，服务师生 4000 余人。

(二) 深化教育教学改革

构建“全覆盖、分层次、菜单式”的创新创业教育体系，开设“创新创业学”“创新思维”等课程。改革考核方式，突出过程与模块评价，建立学分积累与转换制度，支持学生跨学科选课和转专业学习。与企业共同举办项目制创业小班，由企业设计课程，夯实创业项目实战基础。整合各方面资源，成立创业指导教师团队，实施体验式学习和翻转式课堂，推进课堂教学向技能实训、沙龙孵化指导转变。建成创业社团、创客汇、创业街、众创空间、项目工作室等实践平台，为学生创新创业提供持续帮扶、全程指导、一站式服务。每年举办创意创新大赛，定期举行大学生创业街项目招募活动，实施创新创业素质拓展训练系列活动，开展校园先锋评选、微型创业路演等活动。搭建“创客 + 部落”众创空间，通过创业博览汇、创客部落、创客咖啡等，搭建聚敛人气、创意生成、项目分享、成果转化新型载体。

主要参考文献

蔡永华. 2017. 地方高校创新创业教育实践运行机制研究. 黑河学院学报，（10）：76-77.

陈浩凯，徐平磊. 2007. 创业教育质量评价指标体系研究. 理工高教研究，（5）：67-70.

陈情悦，刘萍，瞿熠. 2016. 大学生创新创业俱乐部管理制度建设的研究. 中国大学生就业，（6）：55-59.

陈素萍. 2010. 我国政府在高等教育评估中的角色定位研究. 南昌：南昌大学.

陈晓光. 2016. 利益相关者视角下研究型大学治理机制研究. 大连：大连理工大学.

程宝华. 2015. 应用型本科院校大学生创新创业教育研究——以衢州学院为例. 济南：山东师范大学.

龚明玉. 2004. 论高校创新教育与创新人才的培养. 贵州民族大学学报（哲学社会科学版），（3）：158-160.

郭洪，毛雨，白璇，等. 2009. 大学创业教育对学生创业意愿的影响研究. 软科学，（9）：69-74.

洪文，肖心莲，谷军. 2017. 区域经济背景下地方高校创新创业教育的思考. 湖北师范大学学报（哲学社会科学版），37（6）：145-148.

李炳论. 2012. 大学生创新创业一站式服务平台构建的探索与实践. 教育与职业，（32）：105-106.

李磊，黄林冲. 2007. 创新型大学教育体系构建的研究. 长沙铁道学院学报（社会科学版），（2）：299-231.

李晓华，徐凌霄，丁萌琪. 2006. 构建我国高校创新创业教育体系初探. 中国高等医学教育，（7）：53-54.

林丹萍，董海军. 2017. 高校创新创业教育组织机构功能定位和发展路径研究. 创新与创业教育，（5）：24-27.

刘慧. 2016. “三位一体”创新创业教育机制的构建. 南昌工程学院学报，（2）：12-15.

卢红婴. 2017. 高校创新创业教育中政府责任承担的实证研究. 南京：南京师范大学.

卢淑静. 2015. 创新创业教育嵌入专业教育的原则与机制. 求索，（2）：184-187.

芦伟. 2011. 社会评估对于完善我国高等教育评估体系的意义. 教育与职业，（24）：172-174.

鲁宇红. 2010. 对大学生创新创业教育的几点思考. 金陵科技学院学报（社会科学版），（3）：72-75.

缪子梅. 2013. 切实加强高校校内创业教育师资队伍建设. 中国高等教育，（24）：32-34.

史华楠，周文健，张成铭. 1993. 校园文化学. 北京：北京医科大学、中国协和医科大学联合出版社.

王长恒. 2012. 高校创新创业教育生态培育体系构建研究. 继续教育研究，（2）：124-126.

王中林. 2017. 高校创新创业工作机构设置及职能探讨——美国高校创新创业组织机构借鉴. 新课程研究，(3)：132-133，116.

吴修娟. 2017. 思想政治教育融入大学生创新创业教育研究——以上海部分高校为例. 上海：华东师范大学.

徐文婷. 2016. 高校创业教育质量保障机制研究. 重庆：西南大学.

薛成龙，卢彩晨，李端淼. 2016.“十二五”期间高校创新创业教育的回顾与思考——基于《高等教育第三方评估报告》的分析. 中国高教研究，（2）：20-28，73.

于泽乾. 2016. 校企合作培养创新创业人才的问题与对策研究. 经济研究导刊，（16）：117-118.

臧夏秋. 2017. 创新创业背景下应用型职业人才培养的对策研究. 南昌：东华理工大学.

张鹤. 2014. 高校创新创业教育研究：机制、路径、模式. 国家教育行政学院学报，（10）：28-32.

张社强. 2017. 高校创新创业教育论：内涵、机制与路径. 社科纵横，（4）：160-163.

张意忠. 2002. 教育评价价值取向研究. 南昌：江西师范大学.

Charkhan J. 1992. Corporate governance：Lessons from abroad. European Business Journal，4（2）：8.

Gillmor C S. 2004. Fred Terman at Stanford：Building a discipline，a university，and Silicon Valley. Stanford：Stanford University Press.

Hambrick D C. 2017. Corporate coherence and the top management team. Strategy and Leadership，25（5）：24-29.

Stanford University. 2020. Stanford Facts 2020. California：Stanford University.

Wheeler D，Sillanpa M. 1998. Including the stakeholders：The business case. Long Range Planning，31（2）：201-210.

